「すぐ他人に流されてしまう自分」がラクになる本

繊細さが
あなたの
「強さ」
になる

心理学者 立正大学客員教授
内藤誼人
Yoshihito Naito

廣済堂出版

まえがき

他人に「流され」「振り回されて」生きるのは、とてもすばらしいことである。

「自分らしさを持つ」とか、「自分のやりたいことをやる」とか、「はっきり自己主張する」というのは、なんとなく立派なことのように思われるかもしれないが、大間違いである。

自分の我を通そうとするのではなく、周囲の人たちに上手に流されながら生きていったほうが、どれほど利益があるかわからない。

「流される」とか「振り回される」と言うと言葉は聞こえが悪いが、よくよく考えてみると、ワガママなことを言わないということであるし、周囲の人たちと仲良くやっていこう、という基本的な心構えがあるということだ。

こういう前提で生きていくのだから、問題が起きるはずもないのである。

他人に「流される」「振り回される」のは、そんなに悪いことなのだろうか。

私は、そう思わない。

特に若い頃には、人からお願いされたり、命じられたことは何でも素直に「ハイっ！」と喜んで引き受けられるくらいでなければダメだ。自分の気持ちなど、どうでもいいのだ。自分がやりたいとか、やりたくないとか、そんなものは横によけておき、何でも人の言うことには唯々諾々《いいだくだく》と従っているからこそ、「こいつはかわいいヤツだな」と思ってもらえるのであって、仕事もうまくいくのだ。

私は、これまでに200冊以上もの本を執筆させてもらっているが、それというのも若い頃から編集者に逆らったことがないからである。完全な〝言いなり〟になっているからである。

何か人から頼まれたとき、とりあえず「はい、いいですよ、ありがとうございます！」と素直に受け入れてやっていれば、かりにその仕事ぶりが情けないほどに悪くとも、必ずよい結果を生み出す。私がまがりなりにも仕事をやっていけているのは、まさに他人に「流され」「振り回され」てきたからだと言える。

まだ若造のくせに自分の好き嫌いを言っていたら、「こいつは生意気だな」と感じさせてしまう。そうすると、仕事も回してもらえなくなる。20代では特にそうだと思うのだが、命じられたことは何でも引き受けられなければダメだ。

予備校講師としてだけではなく、タレントとして大活躍中の林修先生（「今でしょ！」のセリフで有名になった）も、若いうちから自分に持ち込まれた仕事は好き嫌いを言わず、何でもかんでも引き受けるというルールを決めてやってきたそうだ。だからこそ、今の売れっ子の林先生がいるわけである。

テレビ朝日系列の人気番組に『しくじり先生　俺みたいになるな!!』というバラエティ番組がある。そこに出演するタレントの大半が、「調子に乗っていたら、いつの間にか干されてしまいました」と語っているのは興味深い。自分が売れっ子だと錯覚を起こし、調子に乗っていてはダメだ、ということをこの番組は私たちに教えてくれている。言うなれば、**こちらから喜んで「流され」「振り回される」くらいでなければならない、**ということでもある。

他人に流され、振り回されることには、つぎのようなメリットがある。

○だれとでも仲良く、円満な関係が築ける
○味方ばかりが増えて、敵がひとりもいなくなる
○ビジネスチャンスがいくらでも転がり込んでくる
○困ったときに、親切にしてもらえる
○昇進、昇給しやすくなり、お金持ちになれる
○幸せな結婚もできる
○長生きもできる

人生を生き抜くコツは、上手に流されながら生きていくことである。

流れに逆らってはいけない。流れに逆らおうとするから、「苦しい」と感じるのであって、流れに身をまかせていれば、精神的にもストレスを感じなくなる。他人とガンガンぶつかり、衝突しないですむようになれば、日々のつらさも感じなくなる。

流れに乗っていれば、周囲の人たちとは円満な関係が築けるから、つらいどころか、毎日がバラ色になるはずだ。

どうか最後までよろしくお付き合いください。

「すぐ他人に流されてしまう自分」がラクになる本　目次

第1章 他人に「流される」ことは、まったくの善である

第2章

だれでも簡単にできる「ラポール形成テクニック」初歩の初歩

第3章

いつまでも他人に流されないための「リーディング」の技術を学ぶ

第4章 人間関係がラクになる！相手とよい距離を保つ雰囲気づくりのコツ

第5章 ちょっとした工夫で…どんな人とも仲良くなれる心理戦術

第6章 敏感なあなたでも大丈夫! 苦手な人との感情感染を防ぐ無敵の心理技法

第 1 章

他人に
「流される」ことは、
まったくの善である

他人に流されたほうが、人間関係はうまくいく！

心理学用語に、**「ラポール」**という言葉がある。

「調和のとれた友好的な関係」という意味のフランス語〝Rapprochement〟（ラプロシュマン）に由来する言葉だ。

人間関係においては、ラポール形成が重要になってくる。これは、たいていの心理学の本に書かれている。人間関係というものは、とりあえずラポール形成さえしっかりやっていれば、絶対的にうまくいくのである。

といっても、ラポール形成の基本ルールは、バカバカしいくらいにシンプルである。それは**「相手に合わせる」**ということに尽きるのだ。つねに相手の好みや都合に合わせる。たった、これだけである。まことに簡単なルールである。

自分の主義や主張などはどうでもいい。

とにかく、徹底的に相手に合わせてコミュニケーションしていく。これで、ラポール形成ができるのであり、人間関係はスムーズにいくのである。

相手が何か言ってきたら、とにかく何も考えずに「ええ、そうですね」と答えていれば、相手は自分が受け入れられたと感じるであろう。自分を受け入れてもらったということで自尊心が満たされ、喜びを感じるであろう。

みなさん自身で考えてもらいたい。

もし、だれかに何か言ったとき、「う〜ん、僕はそうは思わないなあ」などと反対されたらどうであろうか。

たとえ相手の言うことには理屈が通っていても、それでもやっぱり気分が悪いのではないだろうか。

そして、自分の言うことに反対してきた人に嫌悪感を覚え、そういう人にはなるべく近寄らないようにするはずだ。嫌いな人からは、できるだけ距離をとろうとするのは、当たり前のことである。

他人に「流される」「振り回される」というのは、言葉が悪くて、何やらネガティブなニュアンスを持っているけれども、そうではない。**他人に「流される」「振り回される」というのは、積極的に「相手に合わせていく」ということ**なのだ。

ニューヨークにあるクラークソン大学のユーゲン・フォーダーは、「私は、あなたのやり方が好ましいと思います」「私も、その意見に賛成です」と、上司の言うことには何でも賛成する人のほうが、昇給の可能性が高くなるというデータを報告している。**上司の言うことには、ホイホイと喜んで従う部下のほうが給料は高くなる**のだ。

これは上司の心理を考えれば当たり前で、上司だって人間なのだから、面と向かって反論されたり、きっぱり拒絶などされたら、メンツが潰されたように感じて面白くないに決まっている。そんな部下を引っ張りあげてやろうとは思わない。

上司が何かと面倒を見てくれ、世話を焼いてくれるのは、〝カワイイ部下〟なのだ。自分に対してすぐに噛みついてくるような部下など、これっぽっちも指導などしたくないのである。

人間関係においてはラポール形成が重要であり、ラポール形成のコツはとにかく相手の都合に合わせることに尽きる、ということをまずはご理解いただきたい。

ラポール形成のルール

相手に合わせると、コミュニケーションはうまくいく

むやみにアサーション（自己主張）するようなヤツは、実は出世ができない

最近は日本人もアメリカナイズされてきて、「積極的に自己主張すべきだ」という考え方が主流になってきている。

仕事でも、プライベートでも、言いたいことがあるならはっきり言いなさい、それが正しい姿勢なのだ、という考え方だ。自分がやりたくないことは、堂々と「そんな仕事はやりたくありません！」と自己主張するのが、正しいというのである。

心理学では、自己主張することを**「アサーション」**という。

一時期、企業の間でも、自己主張訓練とか、アサーション・トレーニングといった研修

が流行《はや》ったことがあったが、最近は下火になってきている。

というのも、そういう研修を受けさせた社員は自分の権利ばかり主張するようになって、言うことを聞かなくなってきたからだ。

企業側からしたら、自己主張のトレーニングなどを受けさせると、お金がかかるばかりか、若い社員がおかしな方向に行ってしまうので、バカバカしくなって研修に行かせるのをやめることにしたのであろう。

若いうちには、**先輩や上司、あるいはお客さまの言うことは、何でも素直に聞いておいたほうがいい。**

ノーと言ってみたり、自分の要求を相手にぶつけたりすることはしないほうがいい。そのほうが自己成長もできると思う。

上司から残業を求められたときには、「サービス残業は就業規則で認められていない」とか、「私の勤務時間は5時までだ」などと言ってはならない。たしかに、それはその通りなのかもしれないが、そういうところで自己主張するようなヤツは伸びていけないのではないかと思う。

残業を頼まれたら、

「しょうがないなあ、まあ、一緒に片づけたら酒でも奢《おご》ってくださいよ」
と言いながら、ニコニコと引き受けてあげるのが正解である。ようするに、**上司にうまく流されてあげるのが、喜ばれるコツ**なのだ。

ワシントン大学のチャッド・ヒギンスは、職場でどんな戦略をとることが大切なのかの研究を行なって、相手の言うことはホイホイと喜んで引き受け、和《なご》やかな雰囲気づくりを心掛ける人のほうが、昇給も昇進もしやすくなることをあきらかにしている。

逆に、昇給や昇進につながらないのは、「自己主張」であった。自己主張する人はやはりダメなのである。また、ヒギンスによると、「自己宣伝」も昇給や昇進につながらなかった。「自己宣伝」というのは、ようするに自分の能力や才能、実力などを鼻にかけて自慢することである。

鉄鋼王と呼ばれたアンドリュー・カーネギーは、貧困のどん底から這《は》い上がって莫大な資産を残したことで知られているが、どんな仕事を頼まれても、「はい、できます、僕にやらせてください！」と言うのが常であった。こうして電信の配達員からスタートし、トントン拍子に出世していったのである。

つまらない自己主張はやめよう。**どんなときでも、「はい、わかりました！」と喜んで**

引き受けたほうが、絶対的に自分に利益をもたらしくれることは間違いない。

ラポール形成のルール

「自己主張」は、相手との関係を悪くする

「相手は常に正しい」という気持ちを持て

商売のコツは、とにかくお客さまの都合にすべてを合わせることである。こちらの都合ではない。お客さまの都合がすべてなのだ。

広告やマーケティングを勉強したことがある人なら、常に受け手の好みに合わせることが重要だ、ということを学んだであろう。どんなにすばらしい商品やサービスでも、お客の好みに合わなければ、到底受け入れてもらえない。

ウォルマートの創始者サム・ウォルトンは、毎日のように社員に向かって、「ウォルマートの黄金の掟はこうだ。第一条、お客は常に正しい。第二条、お客が正しくないと思ったら、第一条を参照」と話して聞かせたそうである（ヴァンス・H・トリンブル著『サム・ウォルトン』NTT出版）。

私たちは、ともすると自分の考えが一番正しいと思い込む。間違えているのは相手のほうであって、自分は絶対に悪くない、と考えたがるのだ。結婚生活がうまくいっていない夫婦は、その原因が相手にある、とお互いに思っている。夫は妻が悪いと思っているし、妻は夫が悪いと思っている。これでは、結婚生活がうまくいくはずがない。

相手の都合にすべてを合わせるのは、商売のコツでもあるが、人間関係のコツでもある。**たとえ自分のほうが正しいと感じても、それでもやはり相手に賛成することが大切だ。**「なんだ、ただ相手に媚《こ》びろっていうことか」と思われるかもしれないが、まさしくその通りである。

相手とうまくやっていきたい、つまり、ラポールを形成したいというのに、自分の考えを真正面から相手にぶつけて戦おうとするのは、最悪の作戦だ。

かりに自分のほうが正しいように感じても、それでもグッと不満を飲み込んで、相手の言う通りかもしれない、と考えなければならない。少なくとも、表面的には受け入れなければダメである。

カウンセラーは、悩みを訴えてくるクライアントの言うことをそっくりそのまま受け入れなさい、というトレーニングを受けている。

「あなたは間違えている」とか、「あなたはおかしい」などと反対することはない。そんなことをしたら、クライアントはいっぺんに心を閉ざしてしまうからである。

よほどおかしな話を聞かされても、カウンセラーは、「なるほど」と受け入れるようなトレーニングを受けている。そうやってクライアントに心を開いてもらい、ラポール形成をして、信頼を勝ち取らないと、自分の言うことも聞いてもらえないことをよく知っているからである。

人を味方にする一番の方法は、とにかく相手をそのまま受け入れてあげることである。そうすれば、読者のみなさんのまわりに敵になる人はひとりもいなくなるであろう。

ウェスト・ヴァージニア大学のスコット・マイヤーズは、恋人のいる人に、「どうしてその相手を選んだのですか?」と尋ねてみると、「自分のすべてを受け入れてくれたから」

という理由が多く見られることを発見した。
相手の言い分を何でも〝受容する〟ということは、人間関係をうまくやるための絶対に必要な条件であると言えるであろう。

ラポール形成のルール

自分のほうが正しいと感じても、相手に合わせることが大切

だれからも好かれる人は“自己主張をしない人”

「はい、わかりました！」

「はい、了解しました！」

相手の言うことに何でも従ってあげるようにすると、どうなるか。

はっきりと言葉で伝えなくとも、「私はあなたと仲良くやっていきたいんです」「友好的な関係を持ちたいんです」というメッセージが相手に伝わる。少なくとも、相手はそう受け取る。

仕事を命じられたとき、

「ええ〜、なんで僕がやんなきゃいけないんですか？」

とか、

「だれかほかの人に頼んでくださいよ」

などと拒否したとしよう。

このときに相手に伝わるメッセージは、

「私は、あなたと仲良くやっていく意思がない」

である。

もちろん、あらゆる自己主張がダメなのかというと、そういうわけでもないのだが、**どんなに理屈が通っていると思われるときでも、自分のほうが絶対に正しいと思われるときでも、「ハイっ！」と気持ちのいい返事で相手を受け入れてあげるようにするといい。**そうすれば、どんどんお互いのラポールは形成されていく。

嫌われる人は、すぐに自己主張する。自分のことしか考えていないからである。

だれからも好かれる人は、ほとんどまれにしか自己主張しない。

このルールは、およそあらゆる人間関係に当てはまる。

ミシシッピ大学のジェフリー・ケリーは、理不尽な要求に明確に拒絶したり、自分の立場をはっきり述べる人を「主張的」とし、相手の言うことをそっくり受け入れる人を「受容的」として、それぞれの人物の印象を258名の大学生に尋ねてみたことがある。

その結果、「主張的」な人は、「知的である」とか「教養がありそう」という点では高い評価を受けたものの、そのほかの点ではかなり悪く評価されることがあきらかになった。

逆に、「受容的」な人は、「人あたりのよさを感じさせる」「友好的」「思いやりがある」「柔軟性が高い」「同情的」「開放的」「人柄がよい」など、かなり多くの点でポジティブな印象を与えることがわかったのである。


つまらない仕事や雑用などは、だれだってやりたくはない。

トイレ掃除やコピーとり、お茶くみなどは、面白くもなんともない。

しかし、そんなときでも、**「○○さん、これやってもらえないかな」とお願いされたときには、「はい、わかりました！」とニコニコして応じてあげるようにすれば、相手の目には、「なんていい人なんだろう、神さまみたいな人だな」と映る**はずである。

特に若いうちはそうなのだが、自分で何かを判断するのをやめ、とにかく相手に言われたことは何でも「ハイっ！」と受け入れる訓練をしたほうが絶対的によい結果を生み出すと思う。

ラポール形成のルール

自己主張ばかりする人は、嫌われる

「自分の欲望を我慢できることは、人として立派なこと」と考えよう

よくあるビジネス本を読むと、「もっと自分を出せ！」「個性を出せ！」「突き出た杭になれ！」と、大変に勇ましいことばかりが書かれている。

しかし、これはあきらかにウソ。

普通の企業でそんなことをしていたら、すぐにクビになる。最近では、理由もなく解雇するのが難しくなってきているから、飼い殺しにされるだけかもしれないが、ともあれ、自分のやりたいような仕事は逆にできなくなる。職場のだれからも相手にされなくなることは、目に見えている。

命令に素直に従う人、規則をきちんと守る人がイエスマンなのか。

断じてそうではない。

組織人としての意識と行動がしっかりと身についている人であり、礼儀などの社会性が身についている人である。

「やりたくない」からといって、仕事をしないのはただのワガママであり、子どもっぽいのである。本当の大人なら、「やりたくない」気持ちがあっても、上手に自己抑制し、素直に従うものである。

社会性というのは、どれくらいワガママを抑制しほかの人に自分を合わせることができるのか、ということである。だれもが言いたい放題にやっていたら、組織も、国家も、社会も成り立たなくなってしまう。

イエスマンになって、自分の感情を押し殺してでも上司の言うことを聞くのは立派なことである。

かつての武士は、たとえ主君が間違えていても、黙って主君に従うことを美徳としていたが、戦後すぐくらいまでのビジネスマンは、みなそういうサムライの意識を持っていたように感じる。ワガママを言い始めたのは、比較的最近のことであるが、この流れはまことによくない風潮である。

ビジネス本や雑誌などで、「もうイエスマンはいらない時代だ！」などと言っているのは、現実をよくわかっていない人か、自分が偉い立場にあってペコペコする必要がなくなった人だけである。

自分の欲望を我慢することは、人として立派なことなのだ。

スタンフォード大学のウォルター・ミッシェルは、「マシュマロ・テスト」という心理テストを考案したことで有名だ。

ミッシェルは、４歳児の目の前に、おいしそうなマシュマロを置いて、「20分間、我慢できるかな？　我慢できたら、もう１個あげるよ。我慢できなかったら、これだけだよ」と伝えてみた。

それから実験者は外に出ていなくなり、子どもはいつでもベルを鳴らして実験者を呼ぶことができるのだが、20分間の我慢ができた子どもほど（つまり欲望を自己抑制できる子どもほど）、その後の追跡調査で立派な大人になることがわかったのである。

人間なのだから、**欲望を感じることは自然なことではあるが、それを我慢できるかどうかというのは、その人がどれだけ立派な人なのかのテストにもなる**のである。我慢できない人は、おそらくどの業界でもモノにならないであろう。

ラポール形成のルール

イエスマンになることは、悪いことではない

相手に合わせれば合わせるほど、お互いの仲が深まるワケ

私たちが友だちを選ぶとき、一緒にいると心地よくいられるかどうかという基準で選ぶのが普通である。一緒にいてイライラさせられるような人と、わざわざお付き合いしたいと思う人は、めったにいるものではない。

「ああ、この人といると安心するな」

「この人といると、落ち着くな」

そういう気持ちにさせてくれる人ほど、私たちは一緒にいたいと思う。

そして、心地よくさせてくれる人、すなわちラポール形成がうまい人は、決して自分の都合を相手に押しつけるようなことはせず、むしろ相手の都合に自分を合わせていくようなタイプである。


私たちは、自分と似ている相手を好きになる。

これを心理学では、**「類似性の法則」**と呼んでいる。

たとえば、「私は、そばよりうどんのほうが好きなんですよ」と相手が話してきたら、「私もそうなんです」と調子を合わせてあげれば、お互いの仲はグッと深まる。「私は、身体を動かすのが好きだ」という人には、「私もです」と言ってあげれば喜ばれる。

阪神タイガースのファンは、相手も自分と同じくタイガースファンだということを聞くと、たとえ初対面であっても、いっぺんに心を許してしまうという話を聞いたことがあるが、これも類似性の法則だ。


ラポール形成をするときには、そんなに難しいテクニックは必要がない。

とにかく、相手に合わせてあげればいいのである。

アラバマ大学のリチャード・スワンが、さまざまな業種のセールスマンについて調べたところ、成績のよいセールスマンほど、お客に合わせるのがうまいことがあきらかにされたという。

お客が「こういうものがほしい」と言っているのに、「いいえ、こちらの商品のほうがおススメなんです」などと言うセールスマンからは、お客はモノを買おうとしない。

お客は自分に合わせてほしいと思っているのであって、セールスマンに押しつけられたいとは思っていないからだ。

人間関係の極意は、とにかく相手に合わせてあげること。

相手に都合を合わせてあげるようにしていれば、相手は一緒にいることに心地よさを感じる。心を開いてくれる。

ラポールを形成するのは、そんなに難しいことではない。できるかどうかは別として、ルールとしては非常にシンプルである。

つまらないプライドを持っていると、なかなか相手に合わせることはできない。

他人に合わせることは、決して「自分が負けた」ということにはならないのであるが、プライドが高い人は、得てして「自分が負けた」とか「屈服させられた」と感じてしまうため、合わせることができないのである。そういう**つまらないプライドは、人間関係を構築するのに邪魔なだけ**である。

ラポール形成のルール

「類似性の法則」を使って、相手との関係を深めよう

「喜んで相手の言いなりになる」にはどうしたらいいか

他人に迎合することは、決して「自分の意見を押し殺す」ということにはならない。この点を誤解しないでいただきたい。

たとえば、日本に住んでいるアメリカ人に向かって、日本語で話しかけるのではなく、英語で話しかけるとしよう。

これは、相手の都合にただ合わせただけである。そうしたほうが、よりよくコミュニケーションできるのなら、そうしてあげるのは自然なことである。決して「自分を押し殺す」ということにもならない。

会議において、ほかの人の意見に迎合するのも、「自分を殺す」というような大それたものではない。

「今回の会議では、あなたの言うことに従いますから、つぎの会議では、僕のほうの意見にも賛成してくださいね」

というだけの話だ。

人間関係というのはギブアンドテイクで成り立っているものだから、まずこちらが譲歩して相手に賛成しておくと、将来的には自分の意見にも賛成してもらえるようになる。つまり、ウィンウィンの人間関係が築けるのである。

何でもかんでも反対する人がいる。理由もなく反対するのが好きな人だ。こういう人は、自分が何かを提案しても、ほかの人から反対されるということに気づいていないのであろう。

相手の都合に合わせるのは、「自分を殺す」というよりは、むしろ将来的に自分の言うことを聞いてもらうための、当たり前の作戦だと私には思われる。それでも自分のワガママを押し通したいというのは、単なる幼児性だ。

たとえば、私は基本的にどんな仕事も断らないが、時折「このテーマでは、あまり書きたくないな」という依頼を受けることがある。

こんなときには、やはり私も断りたいという気持ちになるのだが、ここでちょっと考えを改めて、「はい、わかりました」と引き受けるようにしている。

そして、

「今回はこれでいきましょう。でも、つぎにやるときには、僕のやりたいテーマで書かせてもらってもいいですか？」

と持ちかけるようにしている。相手にまず恩を売っておけば、つぎには自分がいい思いができるのだから、特別に「自分を殺した」と感じるわけではない。

デンバー大学のポール・オルクは、相手の都合に合わせれば、つぎには相手もこちらの都合に合わせてくれるようになるし、まず相手に恩を売っておけば、つぎにはこちらにも利益が返ってくることをあきらかにしている。

オルクによると、このギブアンドテイクの関係は、ビジネス分野でも、友人関係でも、どちらにも当てはまるのだという。

「やりたくない」ことをやらされそうなときには、考え方を変えてみてほしい。

「自分を殺す」などと考えるのではなく、「つぎには、僕がいい思いができる番だ」とか、「将来的には、トクだ」と考えるようにするのだ。そうすれば、喜んで相手の言いなりになることができる。

ラポール形成のルール

他人に合わせることは、「自分を押し殺す」ということではない

「永遠に流され、振り回され」つづけるなど、ありえないと考えよう

私が、他人に、

「流されたり振り回されたりするのは、正しいんですよ」

という話をすると、怪訝《けげん》な顔をされることが多い。おそらくは、永遠に奴隷のように服従しつづけなければならない、とでも考えてしまうのであろう。

しかし、これは違う。

いったんお互いにラポールが形成されれば、こちらからも相手に働きかけができるようになる。

いや、むしろ相手のほうが進んでこちらに合わせようとしてくれる。これが普通のラポールの仕組みである。

私たちは、ひっきりなしに役割を交代しながら、相手に振り回されたり、こちらが相手を振り回したりしているものなのだ。**決して、一方的に振り回されつづける、ということはない**のである。

他人に喜んで振り回されていると、そのうち、相手のほうもこちらに喜んで振り回されてくれるのだから、人間関係というのはまことに面白いものである。つまり、永遠に服従を強いられるとか、そういうことには決してならないのだ。だから、**安心して振り回されてよい**わけである。

アラバマ大学のジョナサン・ハルベスレベンが、医療業界、フィナンシャル・サービス業、製造業などで行なった調査によると、調査したどの業界でも、困っている人を助けてあげれば、そのうちに自分も助けてもらえるという結果が得られたそうだ。人間関係というのは、「持ちつ持たれつ」が基本なのである。

いつでも喜んで相手の言うことに「ハイっ！ハイっ！」と従っていると、そのうちこちらが何か提案を持ちかけたり、要望を出したりしても、「よし、わかった!」と相手が応じてくれるようになる。

なぜだろうか。

なんとも単純な理由なのだが、**人は好感を持っている相手の言うことは聞いてあげたいと思うものだから**だ。

嫌いなヤツの言うことは死んでも聞きたくはないが、大好きなあなたのお願いなら、まあ仕方ないか、と相手も振り回されてくれるのである。

先ほど、人間関係はギブアンドテイクだと述べたが、他人に振り回されたり、こちらが振り回すのも、まったく同じである。

これまで仲がよくなかった人でも、こちらから挨拶をするようにすれば、そのうち相手からも挨拶が返ってくるであろう。

こちらからメールを送ったり、年賀状を書くようにすれば、相手からもメールや年賀状は返ってくるであろう。

お中元を送ればお中元が返ってくるし、誕生日の贈り物をすれば、相手からも贈り物が返ってくるものである。

こちらが親切に接しているのに、むこうからはゲンコツが返ってくるようなことは決してないので、どうぞご安心いただきたい。

ラポール形成のルール

他人に振り回されていると、相手もこちらに振り回されてくれるようになる

ひどいことをされても素知らぬ顔でいれば、相手の態度は変わる

だれかとラポールを形成するのに、「手遅れ」ということはない。

かりに、あまり良好な関係を築くことができていなかった相手でも、顔を合わせるたびにニコニコして愛想よくふるまうようにしていれば、そのうち相手の態度が変わってくるものである。

人間関係においては、「手遅れ」などというものはない。

関係を修復しよう、改善しよう、と決めて、過去のいきさつやいざこざなどは知らなかったような顔をしてラポール形成をするようにすればいい。そうすれば、相手との関係は

次第によくなっていく。

「もっとも好ましいアメリカ人」として知られたベンジャミン・フランクリン（100ドル紙幣に描かれている人物）は、たとえ自分に対して厳しい態度をとってくる相手でも、自分の味方にすることは可能だと述べている。

フランクリンは1736年に州会書記に選ばれたのだが、任期が1年だったので翌年にまた選挙をすることになったことがある。このときある議員が、長い演説をしてフランクリンに噛みついてきた。

このとき、フランクリンは、その議員を敬遠したり敵対するようなことはしなかった。自分に対してひどい暴言を吐いてきた相手にも、愛想よくふるまい、

「あなたが非常に珍しい本をお持ちだと聞いたので、ぜひ貸していただけませんか？」

という手紙を書いたのである。相手が本を送ってくると、すぐに厚情に感謝するお礼の手紙を書いた。

そんなやりとりをしているうちに、向こうから話しかけてくれるようになり、あらゆる場合に私に好意を示してくれるようになった、とフランクリン自身が述べている（松本慎一・西川正身訳、『フランクリン自伝』岩波文庫）。その後、2人は大の仲良しになり、こ

の交わりは、彼が死ぬまでつづいたそうだ。

今、みなさんのことを嫌っている人がいるとしよう。その人は、これからもずっとみなさんに敵対しつづけるのかというと、そんなことはない。

相手が厳しい態度をとってきても、こちらができるだけ柔らかな態度で接するようにすれば、そのうち相手の態度も変わってくる。

こちらが好意を示しているのに、相手からは反感しか返ってこないということはない。こちらが好意を示していれば、相手もみなさんのことを好きになる。これを心理学では、**「フランクリン効果」**と呼んでいる。ベンジャミン・フランクリンのとった作戦から名づけられた用語だ。

「もう、あいつとは二度と口なんかききたくない」と考えて、挨拶しなくなったり、声をかけなくなってしまったら、本当に修復不可能になってしまう。**どんなにひどいことをされても、素知らぬ顔で、ごく普通に話しかけるようにしよう。**そうしていれば、そのうち相手の態度も軟化してくるはずだ。

ラポール形成のルール

こちらが好意を示していれば、相手も必ず好意を示してくれる

あらゆる人とラポール形成ができなくても気にする必要はない

本書では、第2章以降に、より具体的なラポール形成のテクニックを紹介していくつもりである。

このテクニックを使っていただければ、基本的には、どんな人とも仲良くなることができるであろう。

しかし、言うまでもないことであるが、絶対的にあらゆる人とラポール形成をしなければならないかというと、そういうことでもない。万人に愛想を振りまいていたら、さすがに疲れてしまうからである。

大切なことは、人付き合いを戦略的にやることである。

「この人とは仲良くやっていきたいな」という人とは、積極的にラポール形成をする。そういう人には、喜んで「振り回される」ようにするといいだろう。

けれども、「まあ、この人はどうでもいいかな」（笑）という人に対しては、そんなにラポール形成はしなくともよい。

これまで上手にラポール形成をしたことがない人は、ラポール形成の練習だと思って、どんな人ともラポール形成をするトレーニングはしてもいいと思うが、もしそういう目的がないのだとしたら、人を選びながらラポール形成すればよい。

だれにでもいい顔をしていて疲れてしまうのなら、人を選んでそうするようにするのはごく当たり前の作戦であろう。

デューク大学のコリナ・ダッフィによると、社交的な人でさえ、いつでも必ず社交的にふるまっているかというと、そんなことはしていないらしい。

社交的な人は、たしかににこやかに愛想を振りまくのがうまいのであるが、だからといっていつでもそうしているのかというとそんなことはなく、「仲良くなりたい」という目的があるときにだけ、社交的にふるまっているのだそうである。だれかれかまわずラポール形成をしているわけでもないのだ。

リッツ・カールトンは、宿泊してくれたお客さまに至れり尽くせりのサービスをしてくれることで知られている。痒《かゆ》いところにも手の届く、最高のおもてなしの神対応をしてくれることは有名だ。

しかし、リッツ・カールトンは、そもそも富裕層のお客様しかターゲットにしていないのである。社会の頂点に立つ5パーセントの富裕層をターゲットにするという戦略で創業したホテルなのである。どうでもいいお客様にまで、至れり尽くせりのサービスをしているわけではないのだ。

人間関係も同じである。

相手を選んでラポール形成をするのは、当たり前のことであって、別におかしなことでもない。

どれくらいの人と付き合うと疲れを感じるのかについては、個人差がある。そのため、たくさんの人とラポール形成しても疲れない人もいれば、数人と付き合うだけで疲労困憊《こんぱい》してしまう人もいるであろう。

そのため、具体的にどれくらいの人とラポール形成をすればよいのかという指針を出すことは難しいが、**自分ができる範囲でラポールを形成していけばいい**と思う。

ラポール形成のルール

すべての人にラポール形成をする必要はない

コラム

打算的だろうが何だろうが、よい行動はよい行動

「人を選んでラポール形成をしなさい」などというと、非常に打算的だと感じられる人もいるであろう。人間関係というのは損得勘定抜きでなければならない、と感じる人もいるであろう。

しかし、現実には、打算的であろうが何であろうが、そんなことは関係がないのである。

○たえず微笑をたたえながら人に接する
○挨拶は必ず自分からする
○決して「ノー」は言わない
○相手が望んでいることを察知し、事前にやっておいてあげる

これらはみなラポール行動である。

相手と仲良くなりたいために、これらの行動を積極的にやってあげたとしよう。そうすれば、相手はとても喜んでくれる。かりに、みなさんの内面には汚らしい下心があったとしても、相手にとってはそんなことはどうでもいいことなのだ。

よい行動をしてあげれば、打算的であろうが何だろうが、それはよい行動なのである。

相手にとってはうれしいことなのである。

相手だって、そんなに純朴な人ばかりではないから、「ひょっとしたら打算があるんだろうな」「下心だってあるんだろうな」ということはちゃんとわかっている。それでもやはり、ラポール行動をとってもらえればうれしいのである。

打算的に演技をするのはイヤだという人は、不機嫌なときには不機嫌な表情を隠さない。打算的な人は、演技だろうが何だろうが、上機嫌にふるまったほうが相手には喜んでもらえると思うから、そうするのと好対照である。

相手にしてみたら、演技でもいいから上機嫌にふるまってもらったほうがありがたいに決まっている。

ペンシルバニア州立大学のアダム・グラントは、打算的であろうが何だろうが、相手にとって喜ばしい行動は、すべてよい行動であると指摘している。打算の気持ちがあっても、そういう行動を実践している人のほうが職場でもウケがよくなるのだという。

ラポール行動をとっている人に対して、「あいつは媚《こ》びている」とか「あいつは腰ぎんちゃくだ」とか、「あいつは茶坊主だ」などと悪く言う人がいるかもしれないが、そんなことは気にしなくていい。出世するのは、間違いなくラポール行動をとっている人のほうだからである。悪口を言う人は、自分がラポール行動をとっていないことで損をしているから、負け惜しみでそんなことを言っているのだと思えばよい。

第 2 章

だれでも簡単にできる
「ラポール形成テクニック」
初歩の初歩

振り回されてあげればあげるほど、相手はあなたを好きになる

本章では、ラポール形成をする方法をお教えしていきたいと思う。
どんな技術もそうであるが、だれにでもすぐできる初心者向けの技術もあれば、高度な技術を要する上級者向けのテクニックもあるわけだが、まずは初心者向けのテクニックを伝授していきたい。

てっとり早くラポール形成をする方法は、とにかく相手の真似をすることである。
相手が首を横に傾《かし》げたら、自分も同じように首を傾げてみる。

相手が手をテーブルの上に出したら、自分も同じように手をテーブルの上に出すとよい。相手が髪の毛を触りながらおしゃべりするクセがあるのなら、こちらも同じようにそれを真似るのである。

このようなテクニックは、心理学では**「ミラーリング」**と呼ばれている。相手の姿を、こちらが鏡（ミラー）になったかのように映し出してあげるわけである。たったこれだけである。相手の真似をするだけだから、だれにでもできる。

「なんで、相手の姿を真似しているだけで、ラポール形成ができるんだろう?」

と疑問に思った読者がいるかもしれない。

こちらのメカニズムについても簡単だ。

人間が一番好きなのは、ほかならぬ自分自身。たまに「自分が嫌い」という人もいるが、大半の人は、自分のことが世界で一番好きなのだ。

そして、その次に好きなのはというと、自分によく似ている人、あるいは自分と同じようなことをしている人なのだ。だから、**相手の真似をしていると、「私と相性がピッタリ」とか「肌が合う」と感じさせるのであり、その結果、ラポールが形成されやすくなる**のである。

ニューヨーク大学のターニャ・チャートランドは、被験者に15分間のおしゃべりをさせるという実験をしたことがある。

おしゃべりの相手はサクラ（実験協力者）であり、サクラの人物は半数の人とおしゃべりするときだけ相手の動作を真似し（つまり、ミラーリングを使い）、残りの人のときではミラーリングを使用しなかった。

15分が経ったところで、被験者に「あなたとペアになった人」について聞かせてくださいとお願いした。

すると、サクラがミラーリングをしながらおしゃべりしたときには、「好意度」も高くなり、「会話もスムーズだった」という意見が多く出たのである。

相手とおしゃべりするとき、相手の姿をそっくり真似していれば、みなさんは簡単に好かれるのであり、会話もスムーズにいくのである。

相手の姿をしっかり観察し、それを真似するのも、結局は他人に「流され」「振り回され」ていることにほかならないのだが、流され、振り回されてあげればあげるほど、相手はみなさんのことが好きで好きでたまらなくなってくるであろう。

ラポール形成のルール

相手の真似をするだけで、ラポールは形成されやすくなる

相手を真似するときの3つの注意点

ラポール形成をするのに、相手の姿を真似するやり方はとても効果的である。

とはいえ、注意すべき点がないわけではない。

それは、**あまりあからさまに相手の姿の真似をしていると、真似をしていること自体が相手にもバレてしまう**ということだ。ミラーリングしていることがバレると、相手は気分が悪くなる。

「なんだ、お前は！　俺をおちょくっているのか？」

「さっきから俺の真似をして、バカにしているのか?」

と思われてしまいかねないのである。

米国の催眠術の専門家であるデビッド・バロンは、ミラーリングをするときには、あからさますぎないようにすべきだと注意を促している。相手にバレると、「好意」ではなく「怒り」を引き出してしまうというのである。

そのため、相手の真似をするにしても、あからさまにやりすぎないように気をつけよう。

相手の動作を、そっくり完璧にミラーリングしていると、ミラーリングしていることがバレてしまうので、**微妙な変化をつけるとよい。**

相手が腕組みをしたら、こちらは腕組みをするのではなく、指を組むだけにするとか、相手がボールペンを指先でくるくると回転させていたら、こちらは手に持ったグラスをくるくると回すようにするのである。

また、**時間差をつけてミラーリングするというテクニック**もある。

相手の動きをすぐにくり返すと、ミラーリングしていることがバレやすくなってしまう。

そのため、10秒くらい遅れて、つまり少しだけ時間差を設けて、それから相手の動きをミラーリングするようにするのである。

たとえ時間差があっても、相手と同じ行動をとるようにしていれば、「この人と私は相性がよい」ということが、相手の無意識に刻み込まれる。


ミラーリングをカムフラージュする3つ目の方法は、**相手の表情を真似すること**である。

相手には、自分自身の顔は見えないから、みなさんが相手の表情を真似していても、ミラーリングしているとは思わない。

相手が目を細めてやさしい表情を作ったら、こちらもそういう表情を作ればよい。相手がゆっくりとまばたきをしていたら、そのペースに自分のまばたきを合わせるようにしよう。

表情のミラーリングについて、真似されていることに気づかれてしまう可能性は限りなくゼロだ。

ミラーリングは強力なテクニックとはいえ、あまりにあからさまにやりすぎると、相手にそれがバレてしまう。

なるべくバレないように、こっそりとやるのがポイントだ。

ラポール形成のルール

相手の真似をするときには、やりすぎないように変化をつけよう

相手と「話し方のテンポ」を合わせてみよう

しぐさや身振りで相手の真似をすることが上手にできるようになったら、次のステップに進もう。今度は、**しぐさや身振りだけでなく、さらに話し方のテンポも合わせるようにしてみる**のだ。

電話で話すときなど、声が唯一のコミュニケーションツールという場合もあるだろうから、声は特に重要だ。

電話のときには、当然、相手のしぐさが見えないわけであるが、話し方のテンポなら電話のときでも利用できる。

相手がゆっくりと話すタイプなら、こちらもゆっくり答えるようにすればいい。

「こんにちは〜」

と語尾を伸ばして話すような感じの人に対しては、こちらも、

「どうも〜、いつもお世話になってます〜〜」

という具合に、語尾を伸ばすようにして話すのだ。いつでも相手と同じような話し方のテンポにするといい。**こうして話し方のテンポを合わせるようにすると、相手を気持ちよくさせていくことが可能だ。**


人間関係においては、俗に「相性が合う」とか「波長がピッタリ」という表現がなされることがある。

では、どういうときに人は相性が合うと感じるのかというと、それはお互いのテンポがぴったり一致しているときなのだ。

相手が早口でまくしたてるような話し方をしているのに、こちらがゆっくり話していると、相手をイライラさせてしまう。波長が合わないと感じさせてしまう。

もし、相手が早口な人なら、こちらもやはりテンポをあげて話さなければならない。ようするに、**話し方のテンポについても、喜んで相手に振り回されてあげるのが正解**になる。

ちなみに、話し方のテンポを合わせるだけでなく、しぐさも真似するようにすると、さらに相乗効果も見込める。まずはしぐさの真似をするだけでもよいが、できれば2つを同時に組み合わせて使用したい。

フランスにある南ブルターニュ大学のジャック＝フィッシャーロクーが、見知らぬ歩行者に声をかけ、

①声だけをミラーリングする
②声としぐさの両方をミラーリングする
③ミラーリングしない

という3つの条件でしばらく話をした後、「すみませんが、バス代をいただけないでしょうか？」とお願いするという実験をしたことがある。

このとき、ミラーリングをしない条件では、14・3％しかお金をくれなかったが、声をミラーリングしたところ28・6％の人がお金をくれることがわかった。声をミラーリングしてあげた結果、相手を心地よくさせることができたためであろう。

さらに、声としぐさの両方をミラーリングした条件では、35・7％もの人がお金をくれたという。声だけよりも、しぐさとの〝合わせ技〟を使うと、なおさら効果的だというこ

とである。

もちろん、両方を同時にやるには多少の訓練は必要になる。**まずはしぐさのミラーリングをしっかりやり、慣れてきたと思ったら、話し方のテンポも合わせるようにするといい**であろう。

ラポール形成のルール

「話し方のテンポ」を合わせると、相手は気持ちがよくなる

呼吸を合わせると、相手と自然に同調ができる

話し方のテンポを合わせるためには、呼吸を合わせるようにするといい。

相手がゆっくりと深く呼吸をしているのであれば、こちらも深呼吸するように呼吸してみるのである。

相手と同じテンポで息をするように意識すると、自然な流れとして話し方のテンポも同調してくる。

相手がゆっくりと呼吸をし、ゆっくりと話すタイプだとする。

こんなとき自分の呼吸が浅く、早かったりすると、うまく話し方のテンポを合わせるこ

とができない。

緊張しているときなど、人はどうしても呼吸が早くなるので、こんなときには**自分をまず落ち着かせることが先決**だ。ゆっくり相手に呼吸を合わせるようにしないと、相手と同じテンポで話すこともできなくなるからだ。

太っている人は、どうしても呼吸が乱れがちで、しかも不規則な雑音が混じったりしてしまうので、相手と呼吸を合わせるのが難しいかもしれない。健康という観点から考えても、少しだけダイエットしておいたほうがよいであろう。


呼吸を合わせることを、先述のデビッド・バロンは、**「ブリージング・ラポール」**と名づけている。

「ブリージング」とは「呼吸」という意味で、呼吸を一致させるとラポール形成が進む、という心理テクニックだ。

相手が「すぅ〜」と息を吸い込んだら、こちらも「すぅ〜」と息を吸い込もう。相手がため息のように、「はぁ〜」と息を吐いたら、こちらもそうするのである。

呼吸を合わせるというと、なんだか難しそうに感じるかもしれないが、実はそれほど難しくはない。

ためしていただければわかるが、今まで一度もブリージング・ラポールをしたことがない人でも、けっこううまくできる。最初から完璧にできる人もいる。

街中で人と待ち合わせをしているときや、電車に乗っていてヒマな時間があるときは、近くにいる人の呼吸を真似するトレーニングをしてみよう。普段からそういうトレーニングをしていると、人に会ったときにも条件反射的にブリージング・ラポールができるようになる。

部下が興奮しながら息を荒らげて、「課長！　〇〇社との契約がとれました！」と報告してくるようなときには、こちらも多少鼻息を荒らげるようにして、「おお！　よくやった、〇〇くん！」と応じるようにしてあげれば、部下はものすごくうれしいと感じるであろう。

話し方のテンポを合わせようとしても、うまく合わせられないときには、おそらく呼吸のリズムが一致していないのである。

呼吸のリズムがお互いに一致しているようなときには、特に注意などしなくとも自然に相手と同じ話し方のテンポで話せるはずだ。

話し方のテンポを合わせようとして話すとき、なぜか息苦しさを感じてしまうようなこともあるのだが、そういう場合には呼吸のリズムが相手とズレているのである。**まずは心**

を落ち着けて、相手と呼吸を合わせるようにするといいであろう。

ラポール形成のルール

ブリージング・ラポールのテクニックを使うと、相手と同調しやすくなる

人と話すときは言葉グセを真似すると、心の波長が同調できる

言葉遣いには、その人の好みがあらわれる。

人と話すときには、相手が使っている言葉や言葉グセもミラーリングするようにするといい。

「○○みたいな」が口グセになっている人には、こちらも「みたいな」を使って話をするように心がけよう。「一応」が口グセの人には、こちらも「一応」を多用して話すようにするのである。

「正直なところ、部長のあの提案ってさ、よく意図がわからなかったんだよね」
「いや、正直に言うとさ、俺もよくわからなかった」

このように話すのがコツである。

現代催眠療法の第一人者ミルトン・H・エリクソンは、これを**「トランスワード」**と呼んでいる。

相手の言葉グセを真似するようにすると、心の波長が同調してきて、心地よさを感じさせるというのだ。

一口に英語といっても、イギリス人とアメリカ人では微妙に言葉の遣い方が違う。そのためなのだろうか、イギリス人とアメリカ人がおしゃべりしていると、お互いに波長が合わないと感じるようだ。

イギリス人はアメリカ人の話す英語が「粗野」だと感じるし、アメリカ人のほうはイギリス人の英語が「気どっている」と感じる。もし、相手の話す英語に合わせて話すようにしたら、そういうことにはならないのであるが。

丁寧に話してくる人には、こちらも丁寧な言葉遣いをしたほうがいいし、くだけた感じ

で話しかけてくる人には、やはりこちらも多少は言葉をくだいて話すようにするといい。

私は大学の教授をしているが、ほかの先生に比べれば、若干、くだけた感じで話すようにしている。そのほうが学生の話す言葉に近くなるわけで、学生に親近感を持ってもらえるからである。

たとえば、

「○○の学説は非常に難解である、という認識を学生のみなさんもお持ちになるでしょう」と話すべきところを、

「○○の学説は『さっぱりわかんねえよ』と学生のみなさんは思うかもしれませんね」と講義するようにしていると、いつの間にか学生との関係は親密になる。

メールで文章を書くときにも、やはり相手が使っている単語をそのままミラーリングするのはいいアイデアだ。

相手が専門用語を使うのであれば、こちらも専門用語を使う。相手が素人であるなら、こちらも素人でも理解できるような単語を使いながらメールを書くといい。そうすると、相手との波長がよくなり、好ましい関係を築くことができるであろう。

ラポール形成のルール

心地よさを感じさせたいなら、言葉グセも真似しよう

「おしゃべりしすぎる人」は嫌われる

人間関係において、もっとも嫌われるのは「おしゃべりしすぎる人」である。

人と会話をするとき、一番いいのは、相手とバランスをとることである。

どんなにたくさんしゃべりたいと思っても、しゃべりすぎてはならない。相手がひとつ話したら、こちらもひとつだけ話すようにし、ふたつもみっつも話してはならない。こちらが一方的にまくしたて、相手がずっと聞き手役をやらなければならないようなパターンが最悪だ。

たとえば、10分間のおしゃべりを2人でするのなら、お互いに5分ずつ時間を分け合うような関係がもっとも好ましい。

1時間（60分）の会議を、6人の参加者でやるのであれば、参加者すべてが10分間ずつ意見を述べるようにするのがベストだ。

自分だけがしゃべりまくっていると、どうなるか。

当然ながら、聞かされる相手はたまったものではない。人の話を延々と聞かされることほど、退屈で不愉快なことない。

しかも、その話題が、面白い内容であればまだしも許されるのだが、つまらない内容なときには、もはや救いようがない。

米国シラキュース大学のデビッド・スタングによると、たしかに、しゃべりまくればしゃべりまくるほど、「男らしい」とか「リーダーシップがある」という評価は高くなるものの、「好意」についての評価は、一気に下がってしまうらしい。

どういう人が、もっとも好ましいかというと、スタングによれば、**「相手と同じだけ話す人」**である。

相手が一言だけ発言したら、こちらも一言だけ返すようにする。それを受けて相手がまた何か発言してきたら、こちらも同じ分量で意見を述べる。こうやって、ポンポンと同じバランスで会話をしていくのが理想である。

男性でも、女性でも、おしゃべりな人は確実に嫌われる。もし、自分が一方的にしゃべりすぎているなと感じたら、なるべく相手にも話してもらうように、細かく質問を入れてあげるようにするといい。

「○○さんは、どう思う?」

「○△さんなら、こんなときどうする?」

というように。

発言権を相手に譲れば、相手もそれなりに話してくれるであろうから、そうやって会話のバランスをとってあげるのが好かれる会話のコツである。

あまり厳密に数えなくてもいいのだが、相手が「1分」話したら、こちらも「1分」話すとよいし、相手が短いセリフしか話さないなら、こちらも短いセリフを返す、ということを心がけるといい。

こちらばかりが一方的にしゃべりまくって、相手が「へぇ」とか「ふぅん」という、わずか2語か3語しか話せないようにならないように注意したい。そんな会話をしていたら、だれからも相手にされなくなってしまう。

ラポール形成のルール

会話の場面では「相手と同じだけ話す人」になることが重要

人に接するときは、「同質効果」を上手に利用しよう

相手がどれくらい活力に溢れている人間なのか、すなわち、**相手のエネルギーレベルをきちんと見抜くことは大切**である。

世の中には、朝から元気いっぱいで、大きな声でみんなに「おはよう！おはよう！」と連呼している人もいれば、午前中いっぱいは、どうも調子が乗ってこない人がいるのである。前者はエネルギーレベルの高い人で、後者は低い人だ。

いつも物憂げな表情を浮かべ、静かなタイプがいる。

あまりエネルギーレベルの高くないタイプなのであるが、こういう人には、元気いっぱいに話しかけてはならない。

たいていのビジネス本には、

「いつでも明るく、快活にふるまいましょう！」

などと書かれている。それはそれで正しいのであるが、だれに対してもそうしたほうがいいかというと、疑問符がつく。

エネルギーレベルの低い人は、元気いっぱいに話しかけられると、耳の奥がキンキンしてイライラさせられるのである。エネルギーがなくて陰気な性格の人にとっては、活力に溢れている人が、「まぶしすぎる」のであって、あまり近寄ってきてもらいたくないというのがホンネなのだ。

相手が物静かなタイプであれば、こちらもできるだけゆっくりと、静かな声で話しかけなければならない。

何度も言うが、私たちが好きなのは自分自身であり、つぎに好きなのは自分と同質のタイプである。物静かな人は、自分と同じように静かなタイプと一緒にいるときのほうが落ち着くのである。

性格的なものではなく、一時的な感情の落ち込みなどでエネルギーが落ち込んでいる人もいる。

普段は明るい人なのに、仕事で失敗して落ち込んでいるときには、やはり静かに話しかけたほうがいい。

失恋したばかりの友だちに向かって、

「なあに、気にすんなよッ！ 俺なんて、お前なんかよりずっとフラれてるんだぜ、アハハ！」

などと元気づけようとするのは、逆効果である。相手とエネルギーのレベルを上手に合わせないと、ラポール形成は失敗する。

オハイオ州立大学のノブロック・ウェスターウィックによると、暗い気分の人は、軽快な曲よりも静かな曲を聴いたほうが落ち着くのだという。

逆に、ハッピーな気分な人は、軽快な曲を聴くと気持ちがいいそうだ。これを**「同質効果」**と呼ぶ。

人に接するときにも、この「同質効果」の働きを覚えておくといい。

暗い気分の人には、明るい感じで接するのは逆効果。むしろ、静かな感じで話しかけたほうが好ましいと思ってもらえるであろう。

ラポール形成のルール

相手とエネルギーのレベルを合わせないと、ラポール形成は失敗する

ミラーリングしていると、嫌いな人のことも好きになれる

相手の話し方やしぐさをミラーリングしていると、非常に面白い現象が生じる。

それは、相手のことをどんどん好きになっていく、ということだ。

もともとミラーリングは、「相手からの好意を得る」ための心理テクニックなのであるが、**ミラーリングを使っているこちらのほうも、「相手を好きになる」ことができる**のである。

たとえば、みなさんにとって、苦手な人や嫌いな人がいるとしよう。

「あいつとは、なるべく一緒にいたくないんだよね」

という人は、だれにでもいると思う。

では、そういう人にミラーリングを使っているとどうなるか。

嫌いな人の真似などしたくはないと思うかもしれないが、我慢してミラーリングを続けていると、どうなるか。

なんと不思議なことに、もともと嫌いであったはずなのに、

「あれっ⁉ あんまり嫌いだと思わなくなってきたな」

と感じるようになるのである。

つまり、**ミラーリングは、自分自身の苦手意識とか嫌悪感を打ち消すことにも利用できる**のだ。


オランダにあるライデン大学のマリーレ・ステルは、ある男性が登場するビデオを用意し、実験参加者の半数に、「登場人物の男性のしぐさを真似しながら、ビデオを鑑賞してみてください」とお願いしてみた。残りの半数には、そういう指示は出さず、ごく普通に視聴してもらった。

そしてビデオの視聴が終わったところで、「ところで、この男性について、どれくらい好ましさを感じましたか？」と尋ねてみたのである。

すると、どうだろう、男性のしぐさをミラーリングしながら鑑賞したグループでは、そ

の男性に対して非常に好ましいという反応が多く見られるようになったのだ。ミラーリングしているうちに、その男性を好きになってしまったのである。

ミラーリングは、もともと相手とラポールを形成し、波長を合わせるというテクニックなのであるが、相手に対して影響を及ぼすだけでなく、こちらの心理にも影響を及ぼすのである。つまり、**お互いがお互いのことを好きになっていく、という効果を持っている**のだ。

「あいつの顔なんて見たくない」
「あいつとは、二度と口をききたくない」

そんな気持ちになることがあったら、その人物についてのミラーリングをしてみるといい。

そうすると、不思議なくらいにその人への嫌悪感が減り、受け入れてあげることができるようになる。

高校時代、私は数学の先生が大嫌いだったのだが、その先生のモノマネを休憩時間や昼休みに友人たちに披露しているうちに、なぜかそんなに嫌いではなくなってしまった。
当時は知らなかったが、これもミラーリングの効果なのだと思う。

ラポール形成のルール

ミラーリングは、嫌いな人に対しても有効となる

人に会っているときは、「シンクロニー」が起きているかを確認しよう

相手と円満な関係を築く上で、ミラーリングは〝意図的に〟使用するものである。

ところで、非常によく似た心理学用語に、**「シンクロニー」**という言葉がある。

やはり、お互いの姿勢や身振り、行動のテンポなどが一致するという意味なのであるが、こちらは〝自然発生的に〟生じたときのことを指す。自分で意図的に計画的にやるのがミラーリングであり、いつの間にか無意識にお互いの同調が見られることをシンクロニーと呼ぶ。

お互いに気分よくラポール形成ができているときには、このシンクロニーが起こってい

るのだ、と心理学的には分析できる。
つまり、お互いの関係がうまくいっているかどうかの指標として、自分と相手が同じようなしぐさをしているのか確認してみるのはよいことである。**シンクロニーを指標にすれば、お互いの関係性をテストすることもできる**からだ。

「あっ、けっこうシンクロニーが起きてるな」
と観察できるのなら、相手もおそらくは心地よさを感じているであろうし、シンクロニーが起きていないのであれば、表面上はにこやかでも、おそらくは心を開いていないということがわかるのである。

スイスにあるバーン大学のファビエン・ラムセイヤーは、お医者さんと70名の外来患者とのやりとりをビデオ分析したことがあるのだが、お医者さんと患者との間にシンクロニーが現れる頻度が多くなるほど、お互いの関係は良好であることがわかったそうである。
しかもまた、そういうケースのほうが患者の症状は軽くなるのが早かったそうだ。

ミラーリングは、心理テクニックとして、意図的に、計画的にやるものであるが、人に会うたびにいつでもミラーリングするようなクセをつけておくと、それがそのまま習慣になり、そのうちに自分でも意図せずに、いつの間にかミラーリングを行なってしまうようになる。

こうなると、ミラーリングなのか、シンクロニーなのか、厳密には区別できなくなるのだが、ともかく相手との関係がよくなることは間違いない。

ピアノの演奏を学ぶときも、ゴルフのスイングを学ぶときにも、最初は指や身体がうまく動かず、あれこれと頭を使いながらレッスンしなければならない。けれども、訓練をつづけていると、そのうち「身体が勝手に動く」ようになっていく。

ミラーリングも、技術であるという点では、ゴルフのスイングや自転車に乗ることを学ぶときと同じで、最初は少し苦労するかもしれないが、そのうちに自然にできるようになる。

ともあれ、**相手と同じようなしぐさをしたり、同じような言葉遣いをして、波長がピッタリと一致していることは、非常によいことである。**

人に会っているときには、どれくらいシンクロニーが起きているのかをきちんと確認しながら付き合うようにするとよい。

ラポール形成のルール

シンクロニーは、お互いの関係がうまくいっているかの指標になる

最初はシンクロニーが少なくても、気にしなくていい

相手との間に発生するシンクロニーが、かりに少なくても最初はそんなに気にしなくていい。特に、初対面のときなどはそうだ。

私たちは、だれでも初対面の人と会うときには緊張するのである。

いきなり、うちとけた関係になれる、ということはめったにない。たいていは、何度も顔を合わせてゆっくりと関係が進展していくものである。

ラポール形成もそうで、そんなにすぐにラポールが築けるということはまれである。よほどの人たらしや、人付き合いの熟達者でもなければ、シンクロニーがあまり起きなくと

も、それはごく普通のことである。

タモリさんや黒柳徹子さんのように、だれとでもすぐにうちとけた雰囲気を作るのがうまい人なら話は別であるが、普通の人はそんなにすぐにラポール形成ができるわけでもないので、かりにシンクロニーが起きなくても、あまり気にしなくていい。


初対面でのおしゃべりでは、どうしてもシンクロニーは起きにくい。

それはお互いに警戒し合っているからである。

オレゴン州立大学のフランク・バーニエリは、38名の高校生にペアを作らせ、10分間のやりとりをさせてみた。

そのやりとりを、別の10名の判定者が分析し、どれくらいシンクロニーが起きるのかを確認してみたことがある。

さて、10分間のやりとりを時間の流れに沿って分析してみると、どのペアでも、最初の数分間では、シンクロニーは少なかった。同時に同じ姿勢をとることもなく、動作のテンポもズレていたのである。

ところが、5分経ち、7分経ちと時間が経つほど、シンクロニーは増えていった。高校生たちにはシンクロニーの実験であるとは伝えていなかったのだが、不思議なくらい、時間の経過とともに同じ姿勢をとることが多くなっていったのである。

初対面のとき、特に最初のうちは、シンクロニーがそんなに起きなくともそれは当たり前のことなのであって、あまり気にしすぎないことが大切だ。

たとえば、合コンのときに、参加した女性たちとの間にシンクロニーが見られないからといって、

「ああ、僕は嫌われてるんだ……」

などと早合点する必要はない。しばらくおしゃべりしていれば、そのうちシンクロニーが見られるようになる。

初めて訪問する営業先の人とシンクロニーがあまり見られなくても、やはり気にする必要はない。

何回か訪問させてもらうようにすれば、そのうちシンクロニーが起きてくるので心配はいらない。

シンクロニーが見られないからといって、強引にミラーリングを多用して、意図的にシンクロニーを発生させようとしないほうがいい。

気ばかりあせった状態でミラーリングなどをしても、うまくできるわけではないからで

ある。

ラポール形成のルール

初対面の相手には、シンクロニーは起きにくい

コラム

「相手に合わせてはいけないこと」は何か？

本章では、相手に合わせることの大切さを解説してきた。しぐさにしろ、表情にしろ、呼吸にしろ、話すテンポにしろ、相手に合わせるというのはラポール形成において非常に重要である。これは何度指摘しても足りないくらい、重要なポイントだ。

とはいえ、なかには「真似しないほうがいい」ということもある。たいていの点においては、相手に合わせればラポール形成が進むのであるが、「こういうことは真似しないほうがいい」という注意点もあるのである。といっても、ごく常識的に頭を働かせれば、どんな点について真似してはいけないのかは、だれにでも理解できると思う。

絶対に真似しないほうがいいのは、本人がコンプレックスに感じているようなことだ。たとえば、顔が引きつっているような表情の人がいるが、そういう人の顔を真似してはいけないし、吃音《きつおん》のような話し方をする人の真似をするのもよくない。相手がどもっているからといって、こちらも「あっ、あっ、あの……」などと同じように真似したほうがいいのかというと、逆効果である。

チック症的に、指先や身体をピクピクと動かしているからといって、こちらが同じことをすれば、相手は不愉快であろう。そういうことは、本人がもっとも気にしていることであり、ミラーリングされると「バカにされた」としか受けとらないのである。

たいていの場合において、ミラーリングは相手との仲を深めるのに役立つのだが、本人がコンプレックスに感じている点だけは例外である。相手が嫌がることをしないことが人間関係の基本であるから、これは常識的に考えればご理解いただけると思う。

もうひとつ、こちらは都会の人にはちょっと意外だと思われるかもしれないが、方言で話す人に、方言で話そうとするのもやめたほうがいい。

なぜかというと、地方の人は、自分の方言を恥ずかしく思っている人のほうが多いからである。

都会の人は、地方の人がどれくらいコンプレックスを感じているのかをわかっていないことが多い。

実は、地方の人は自分のお国訛《なま》りをけっこう気にしているものである。都会の人には悪気がないのかもしれないが、地方の人は自分の方言を真似されるのを嫌がる。特に東北地方の人はもともと恥ずかしがり屋な人が多いということもあって、方言を嫌う人が多い。

関東の人が、関西弁を話そうとするのもやめたほうがいい。

関西の人は、関西弁にコンプレックスを感じることは少ないものだが、関東の人が話す関西弁は、本物の関西人の話し方とは微妙に違うのであって、ムリを感じる。ムリに話そうとするよりは、普通に話したほうが相手とも自然体で接することができ、仲もよくなるはずだ。

第3章

いつまでも
他人に流されないための
「リーディング」の技術を学ぶ

こちらが「振り回す側」に回ってみよう

会話においては、片方がずっと聞き手で、片方がずっと話し手、ということはない。お互いに話し手になったり、聞き手になったり、役割をポンポンと交換し合いながら、会話を進めていくのが普通である。講演会ではないのだから、話し手がずっと話し手をつづける、ということはない。

人間関係もそうで、**どちらか一方が「振り回す側」で、どちらかが「振り回される側」というように明確に区別されているというよりは、お互いに役割を交換し合っているものである。**

たとえば、亭主関白の夫は、いつでも妻を振り回しているのかというと、決してそんなことはない。

子どもの進路のことであるとか、夕飯の献立であるとか、家を建てるときのロケーションであるとか、部屋の模様替えなどについても、妻の意見がけっこう通るようなこともある。

妻は妻で、亭主関白であるはずの夫をいろいろなところで振り回しているものなのだ。

たしかに、亭主関白の夫は、妻を振り回すことが多いかもしれない。

しょっちゅう「あれをしろ」「これをしろ」と強圧的な命令をするかもしれない。

けれども、妻は妻で、ソフトなやり方ではあるが、やはり振り回している。

「ねえ、あなた。そろそろ子どもを塾に通わせようと思うんですが……」

と夫に切り出すような場合がそれで、このときには夫のほうも、普段はずっと威張っているくせに、

「うん、キミの好きなようにしたらいいよ」

とあっさりと振り回されてくれることがよくあるのだ。

あるところでは振り回される側になり、あるところでは振り回す側になるのは、ごく当たり前のことなのである。

第1章、および第2章においては、相手に喜んで流され、振り回されるための方法を伝授してきた。

この方法を使えば、相手との間にしっかりとラポール形成ができあがる。そして、いったん強力なラポール形成ができあがれば、今度はみなさんも相手を振り回せるようになるのである。

私たちは、自分が好感を持っている人の言うことなら、喜んで聞く。

ラポール形成ができていれば、相手もみなさんの言いなりになってくれるのである。

相手をうまく引っ張っていくやり方のことを、心理学では**「リーディング」**と呼んでいる。「読書」(reading)ではなくて、「導く」(leading)という意味のリーディングだ。

リーディングの技法を使えば、元気のない人間に元気を取り戻させたり、やる気のない人間を鼓舞《こぶ》したり、怒りを和《やわ》らげてあげたり、ということが簡単にできるようになる。

本章では、そうしたリーディングの技法について語っていきたいと思う。

ラポール形成のルール

リーディングの技法を使えば、相手をうまく振り回すことができる

他人にしてもらいたいことは、まず自分が最初にしろ

他人にホメてもらいたいのなら、まずは自分が相手をホメなければダメである。

他人からプレゼントをもらいたいのなら、まずは自分のほうから相手に贈り物をしなければならない。**相手が動いてくれるのは、こちらが何らかの働きかけをした「後」**である。

こちらが何かをしてあげれば、同じことを相手も返してくれるようになる。

こうしたリーディングのテクニックは、**「返報性」**とも呼ばれている。「返報性」というのは、〝お返し〟という意味であるが、こちらの行動が呼び水となって相手のお返しが誘発されるのだ。

たとえば、いつでも眉間《みけん》にシワを寄せている上司がいるとして、その上司にはもっと愛想よく自分に接してもらいたいな、と考えているとしよう。

こんなときは、まず自分がニコニコと笑顔を相手に見せなければならない。上司のほうは仏頂面をしているかもしれないが、「うわぁ、声をかけるのがイヤだなあ」などと思わず、笑顔を浮かべながら、やさしい声で話しかけるようにしよう。

1日、2日くらいでは、上司も変わってくれないかもしれないが、しばらくつづけていれば、必ず変化は起きる。

そのうち、上司のほうもみなさんの姿を見るたびに仏頂面をやめて、にこやかに微笑んでくれるようになるであろう。

自分に最大の笑顔を見せてくれる人に対して、私たちはいつまでも仏頂面でいられるものではない。そのうち心も軟化してきて、ついつい相手につられて笑顔を見せてしまうようになる。

オランダにあるアムステルダム大学のアニーク・ヴルートは、募金係を装った学生に歩行者に対して笑顔で近づいていくようにお願いしてみた。

それを離れたところからこっそり観察してみると、学生が笑顔で歩行者に話しかけたときには、なんと64・9％もの人が笑顔を返してくれたのである。にこやかに話しかけられたら、私たちは自然ににこやかな顔をしてしまうらしい。

ちなみに、ヴルートは、無表情な顔でも歩行者に声をかけるという条件でも確認しているのだが、このときには64・7％の人がやはり無表情なままであったという。

笑顔を見せれば、相手の笑顔を引き出すことができる。

無表情なままだと、相手も無表情。

ヴルートの実験を結論すれば、こういうことになる。

リーディングの原理は、驚くほどシンプル。**相手にしてもらいたいことを、まずは自分のほうが先にするだけ。**たった、これだけなのである。

「なんで、あの人は挨拶もしないんだろう。社会人としての適性に欠けるのではないか」などと心に不満を抱えているくらいなら、いっそのこと、自分からその人に「こんにちは」と挨拶してみるのはどうだろうか。つまらないプライドを捨ててしまえば、自分から挨拶することに何の問題もない。

こちらが「こんにちは」と先に挨拶すれば、ほぼ確実に相手からも「こんにちは」という挨拶が返ってくる。
相手が挨拶してくれないのではなく、こちらが先に挨拶しなかったのが悪かったと考えなければならない。

ラポール形成のルール

こちらが何かをしてあげれば、同じことを相手も返してくれる

「口が重い人」と上手に接する方法

こちらが相手とより親密な関係を築きたいと思っているのに、なかなか口が重くて話しかけてくれない人がいる。

そういう人にも、リーディングのテクニックは役に立つ。

相手の重い口を開かせたいのであれば、こちらから積極的に話しかければよいのである。

口が重い人だからといって敬遠していたら、永遠にその人との関係は築けない。こちらから話しかけなければ、何もスタートしない。

かりにこちらから声をかけても、相手からはさしたるリアクションが返ってこない、ということは現実にありうる。

しかし、それもあまり気にしないことである。

ディズニーのスタッフは、来園してくれたゲストに積極的に声をかける。

「こんにちは～」

「今日はどのアトラクションに行かれました？」

という具合だ。

たいていのゲストは、にこやかにスタッフから話しかけられたら、やはりにこやかに返事をするものだが、なかには返事をしない人もいる。

しかし、スタッフはそのたびに落ち込んだりはしない。つぎのゲストに向かって、やはり「こんにちは～」と声をかけている。

このメンタリティを私たちも見習いたい。


相手の口が重くとも、こちらから話しかけるようにすると、少しずつ心を開いてくれるようになる。

いったん心を開いてもらえれば、どんなに口が重い人も話に乗ってきてくれる。「口が重い」というのは、単なるポーズであって、本当はそんなに口など重くない、というのが一般的な傾向である。

南イリノイ大学のジーン・カニンガムは、こちらから自分のプライベートな話を積極的に話すようにすると、相手もプライベートな話をしてくれることを明らかにしている。

「私は、昔、こんなヘマをやらかしたことがあるんですよ〜」

と話していれば、口の重い相手だって、

「そういえば、僕にも似たような経験、ありますよ」

と話してくれるようになるのが普通だ。

一見すると口が重いように〝見える〟人も、根っから口が重いわけではない。なんとなく気恥ずかしくて自分を出せないだけ、ということが多い。だから、こちらから積極的に話しかけていると、実はおしゃべりな人間であることがわかる、ということもよくある。

人見知りが始まったばかりの子どもは、初めて会う人とはほとんど口をきかない。恥ずかしそうにモジモジしているだけである。

幼稚園や保育園に入ったばかりの子どもがそうで、なかなか口を開かない。ところが、なかにはどんどん話しかけてくる元気な子どもがいる。そういう子どもがいると、一言もしゃべらなかった子どもも、そのうちどんどんおしゃべりをするようになる。

かりに口の重い人に出会っても、「この人は性格的にネクラだ」とか「陰気な人だな」などと考えず、ただ「恥ずかしいだけ」なのだと考えて、こちらからどんどん話しかけてあげよう。

そういう気働きができるようになれば、どんな人ともラポールを築くことができるはずだ。

ラポール形成のルール

たとえ口が重い人でも、こちらから話しかければ心を開いてくれる

「相手の好意」を上手に引き出す方法

こちらが相手に好意を持てば、相手からも好意が返ってくる。

相手の好意を引き出すのは、こちらの好意なのである。

ニューヨーク州立大学のロビン・ブラウアーは、106組の公務員の上司と部下のペアについて、それぞれの得点をつけさせてみたことがある。

部下のほうには、

「あなたの上司は理解力がありますか？」

とか、

「あなたの上司はやさしい人ですか?」

などと尋ねて、上司のほうには、

「あなたの部下の仕事ぶりに点数をつけたら、何点ですか?」

と尋ねてみたのである。

その結果、部下が上司に対してかなりの高得点をつけた場合には、上司からも部下に対して非常に甘い得点が返ってくることが明らかにされたという。

部下が上司に対して「私の上司は世界一の上司だ!」と好意的に評価してあげれば、上司は上司のほうで「私の部下は世界一の部下だ!」と感じるようになることを、ブラウアーの研究は示しているといえる。


相手に好かれたければ、まずは自分が相手を好きになってあげればいい。


こちらが好意的に接しているのに、相手からは反感や敵意が返ってくる、というようなことは絶対にない。

こちらが相手を悪く評価するから、相手もこちらに悪い評価を投げ返してくるだけなのである。

「まったく、ウチのバカ課長ったらよぉ〜」
「毎日、あのハゲ部長の顔見てると腹が立ってくるんだよな」

などと考えているから、みなさんも上司に嫌われるのだ。上司に嫌われているのだとしたら、その原因の半分はみなさん自身にある。みなさんが嫌っているので、相手もみなさんのことを嫌うのである。

人に対して、なるべく嫌悪感を持たないようにすることが大切だ。

〝欽ちゃん〟こと、萩本欽一さんは、嫌いな人に出会っても、「好きなほうじゃない」と考えるようにしているそうだ（『3秒でもっとハッピーになる名言セラピー＋』ディスカヴァー・トゥエンティワン）。

欽ちゃんは人あたりがよいことで有名だが、なるべく「嫌い」という感情を持たないようにするための努力をしているのであろう。

笑福亭鶴瓶さんも、嫌いな人に出会ったときにはなるべくよいところを探すように心がけているという話をどこかで聞いたことがあるが、人あたりのいい人は、みな同じような戦略をとっているらしい。

ともかく**相手に好かれたければ、こちらからもたっぷり好意を持つことが重要であるし、**

なるべく嫌悪感を抱かないように自分に言い聞かせることが大切だと思う。

ラポール形成のルール

こちらが好意を示しているのに、相手から敵意が返ってくる、ということはない

好意や感謝の気持ちは、しっかりと言葉に出そう

「中村さん、中村さん」と心の中でいくら念じても、中村さんが応じてくれることはない。よほど強く念じれば通じるかもしれないが、基本的には心の思いは届きにくい。ところが声に出して、「中村さん」と呼びかけると、中村さんもこちらに向かってすぐに振り返ってくれる。

私たちの好意や嫌悪感は心に抱いているだけで相手に伝わるものだが、もっとも手軽な方法はというと、きちんと声に出して相手に伝えることである。

「私は、こんなにあなたのことが好きなんですよ」という気持ちは、できるだけ声に出し

て伝えよう。

そのほうが、てっとり早く相手からも好意が返ってくるからである。

「ありがとう」

「うれしいです」

といった感謝の気持ちも、心に抱いているだけではダメだ。感謝の気持ちは、絶対に声に出して伝えたほうがいい。

そのほうが相手にも好かれることができ、こちらからも相手を振り回すことができるようになる。

感謝の気持ちは、いっぺんに相手との関係を良好なものにしてくれる。

カリフォルニア州立大学のアミー・ゴードンは、「感謝の言葉は人間関係を深める働きをする」と述べている。

また、恋人や夫婦関係においては、パートナーから「ありがとう」ときちんと声に出して感謝されている人は、相手にもそうしてあげたい、という気持ちが強まることをゴードンは明らかにしている。

どんなに小さなことでも、感謝するのはよいことだ。

「ありがとう」という、わずか5文字の言葉は、人間関係をビックリするほどよくする魔法の言葉である。

「ありがとう」と言われたらだれだってうれしくなることを知っているのに、なぜかそれを実行する人は少ない。どうしてこんなに利益のある言葉をどんどん使わないのか、私には不思議でならない。

「わざわざ感謝することもないよな」とか「なんだか媚《こ》びているように思われるのもイヤだし、お礼をするのはやめておこう」と考えてしまうのかもしれないが、たいていそういう人はあまり好かれない。

「ありがとう」と感謝された人は、「自分に媚びている」とか、「ただの社交辞令だ」などとは考えない。

そんなにひねくれた人間は、めったにいるものではない。感謝されたら、ただただうれしいと思うだけである。

あまり深く考えず、とにかく好意の言葉や感謝の言葉は積極的に使おう。

魔法の言葉を使えば使うほど、感謝された相手はみなさんに心を許してくれるようになり、喜んでみなさんの言うことにも従ってくれるようになる。

ラポール形成のルール

きちんと声に出して相手に伝えれば、好意は確実に伝わる

機械的な「ありがとう」も、人間関係では効果的になる

最近は、何でもロボット化されていて、自動販売機でジュースを買うときにも、「ありがとうございました」と機械がお礼を言ってくれたりする。

ジュースを買った人は、それが機械的なお礼であることは重々承知しているのだが、それでもやっぱり少しはうれしい。

インターネットで買い物をすると、自動的に、「お買い上げ、ありがとうございました」という文字メッセージが出てくる。

これもやはり機械的なお礼にすぎないわけであるが、それでもやはりお礼を言われれば

悪い気はしない。

「ありがとう」というお礼をなかなか口に出せない人は、ロボットになり切ってしまうのもいいアイデアだ。

自動販売機の機械のように、とにかく何も考えずに「ありがとうございました」と言ってしまうのである。

とにかく、どんなときにも「ありがとう」と口に出したり、紙に書いて渡したりするという行動習慣を身につけてしまおう。社会人になったら、すぐにお礼を言えなければダメである。

「心がこもっていない、事務的な『ありがとう』では、意味がないのでは？」と思われる人がいるかもしれないが、そんなことはない。私たちはロボットやコンピュータのプログラムにお礼を言われるだけでも、けっこううれしいのだから。

ペンシルバニア州立大学のアダム・グラントは、オンラインで心理学の実験に参加してくれる人を募《つの》ってみた。

そして、参加してくれた人のうち、半数には「本当にありがとうございます」という返信メールがなされるようにコンピュータのプログラムを組んでおいた。残りの半数は、お礼の言葉を入れないように仕組まれていた。

それから、「別の実験にも参加してくれませんか？」という依頼のメールを出し、24時間以内にメールを返してくれるのかを測定してみたのである。

すると、お礼を言われたグループのうち、2つ目の実験に対しても「はい、喜んで参加します」と答えてくれた割合は66％であった。

ところがお礼を言われなかったグループでは、2つめの実験に自発的に参加してくれる割合は32％であった。

「ありがとうございます」というお礼が、たとえコンピュータのプログラムがしたものであっても、私たちはうれしいのである。そのため、追加で面倒なお願いをされても気軽に応じてくれるようになってしまうのだ。

お礼を言うときに恥ずかしいのであれば、そんなに心をこめようとしなくてもよい。もっと気軽に考えて、「ありがとう」と言えばよい。欧米人は、そんなに心をこめずに「サンキュー」とか「メルシー」という言葉を口にするが、それを真似てさらりとお礼が言えるようになりたい。

あまり深く考えすぎるからお礼のひとつも言えなくなるのであって、習慣化してしまうのがコツだと思う。
メールを書くときにも、必ず最後には「ありがとうございました」という一文を入れるようにするとか、自分なりにいろいろと工夫していただきたい。

ラポール形成のルール

「ありがとう」の言葉は、心をこめずに言ってもかまわない

会話の端々に、相手の「名前」を挿入しながら話そう

私たちが、もっとも好きなのは自分自身だ。そのため、私たちは、「自分の名前」も好きである。

名前というのは、まさに自分自身を表すものであり、ほかの人から名前を呼ばれると、それだけでうれしくなる。

相手をリーディングするときには、とにかく相手の名前をたくさん連呼してあげることである。

手品師や催眠術師も、会場にいるお客さんに手伝ってもらって何かをするときには、ま

ず相手の名前を聞き、相手の名前をさかんに挿入しながら会話をする。そうやって、巧《たく》みにラポール形成をして誘導していくのである。

「いいですか、○○さん、これから○○さんには、好きな数字を書いていただきます。まず、○○さん、こちらのペンをお持ちくださいね。さあいいですか、次に、○○さんの好きな数字を頭に思い浮かべてもらって……」

というように話を進めていくのは、テレビ番組などでもおなじみの光景だ。

この話法は、非常に参考になる。

優れたカウンセラーやお医者さんも、必ず患者の名前をしっかり呼びかけるようにしているし、成績のよい営業マンも、やはりお客さまの名前を何度も呼びかける。

名前を呼ぶかどうかなど、ほんのわずかな差しかないのだが、それでもやはり大きな効果を持っている。

ひとつ面白い実験を紹介しよう。

ユタ州立大学のジョン・セイターは、レストランにやってきてクレジットカードを使ったお客様135組に対して、カードの署名のとき、名前をこっそり盗み見て、いくつか条件を変えながらお礼を言ってみたのだ。

第一条件 「ありがとう、マークさん、食事はお楽しみいただけましたか?」
第二条件 「ありがとう、Mr.○○(ファミリーネーム)、食事はお楽しみいただけましたか?」
第三条件 「ありがとう、Sir(またはMa'am)、食事はお楽しみいただけましたか?」
第四条件 「ありがとう、食事はお楽しみいただけましたか?」

それからチップをくれるかどうかを測定したところ、「名前」を呼びかけられた人は19・38%がチップをくれたという。

「苗字」(ファミリーネーム)を呼びかけられた人では18・27%であった。

名前は呼ばれず「敬称」(Sir)を呼びかけられた人では、15・76%であり、ただのお礼だけの条件では16・24%であった。

このデータは、きちんと相手の名前を呼んであげれば、それだけで相手は喜びを感じて、たくさんのチップを払ってくれることを示している。次点の作戦は、名前でなく、相手の苗字を呼びかけることである。
ビジネスの関係だと、下の名前を呼ぶということは失礼になってしまうこともあるから、苗字でもいいと思う。**とにかく相手の名前を呼びかけてあげることは、とても大切なこと**なのである。

ラポール形成のルール

相手の名前を連呼すると、それだけで相手はうれしくなる

「お世辞」を使って、相手を上手に振り回す方法

相手と和やかな関係を築く上では、感謝したり、相手の名前を呼びかけたりすることは非常に効果的な戦略である。

さらに、お世辞やジョークもここにつけ加えよう。

ホメ言葉は、相手の自尊心をくすぐる。

「おいおい、ホメすぎだよ～」

「あんまりホメないでくれよ～」

と相手は、みなさんのホメ言葉を打ち消すようなことを言ってくるかもしれないが、心の中ではものすごくにんまりと微笑んでいることが多い。実はうれしいのである。照れ隠しのため、否定や打消しの言葉を口にしてしまうものの、うれしくてたまらないのだ。

英国マンチェスター大学のカレン・ニーベンは、31名の小売店の従業員について、どういう人ほど同僚や上司たちから好かれるのかを調べてみた。

その結果、お調子者というか、ひょうきん者というか、とにかくお世辞やジョークを言いまくる人ほど、好かれることがわかったのである。

ニーベンによると、お世辞を言ってあげると、相手は「友情」や「信頼感」を感じるのだという。こうしてお互いの関係はより深まっていくのだそうだ。

「職場は、戦場なんだ。遊びの場じゃないんだ！」

「仕事は、生命をかけて真剣にやらなきゃいけないんだ！」

と時代錯誤な考え方をする人は、さすがにそんなにいないのではないかと思うのだが、ひょっとするとまだ少しはいるかもしれない。

けれども、お世辞を言うことは、別におふざけをしているわけではなく、職場を明るくする努力をしているのと同じなのだ。決して非難されるようなことではなく、むしろ称賛されるべきであろう。

だれもが口をきかず、重苦しい沈黙の中で、ただカタカタとキーボードを叩く音だけが鳴り響くような職場で、だれが働きたいと思うだろうか。

みなさんが率先してひょうきん者の役割を引き受けてあげて、ほかの人たちをホメまくってあげたほうが職場も明るくなるし、みなさんの株も上がるというものである。

たっぷり人をホメまくって、強固なラポールができあがってしまえば、だれもがみなさんの言うことにホイホイと従ってくれるようになる。

私たちは、自分が好きな人の言うことなら、何でも聞いてあげたいと思うものだからである。

同僚や上司に、かなり無理な注文をお願いしても、けっこうすんなりOKしてもらえる人は、普段からお世辞やホメ言葉を言いまくっているのである。

常日頃、そういう下準備をしておくからこそ、いざというとき、だれもが味方をしてくれるのだ。

ラポール形成のルール

ホメ言葉は、相手と和やかな関係を築く上でもっとも有効な手段になる

「いいね！」と賛同を示すと、相手はあなたに従ってくれる

お世辞は効果的なやり方であり、ぜひ積極的に使っていただきたいのであるが、それでもやはり、

「お世辞はちょっとハードルが高くて……」

「私は、お世辞なんか言えるキャラではないので……」

という読者もいらっしゃるであろう。

では、あからさまなお世辞は言わなくともいい。

どうしても恥ずかしいというのなら、あきらかにお世辞のような言葉を出さなくてもい

い。その代わり、より穏やかな〝**賛同**〟を使ってみるのは、いかがだろうか。

〝賛同〟とは、とにかく相手のアイデアや意見などに同意や賛成を示してあげるだけのテクニックであり、これならだれでも使えるのではないかと思う。

たとえば、ある提案についての意見を求められたとき、お世辞を言うのがどうしても恥ずかしいのであれば、次のように言えばよい。

「おお〜、いいじゃない」
「とりあえず、俺の目には完璧だと思うよ」
「これなら会議も通るよ。私は賛成だな」

このように**穏やかな賛同を示すといい**であろう。

英語で言うと、「Excellent!!」とか「Marvelous!」と大げさに言うのは恥ずかしくとも、「OK!」とか「Good!」くらいなら、そんなに日本人も抵抗なく口に出せるようなものである。あきらかなお世辞でなければ、気軽に口に出せるのではないだろうか。

お世辞は効果的であるが、賛同もやはり効果的なやり方であることが確認されている。ノース・カロライナ大学のチェスター・インスコは、おしゃべりをしているとき、「huh」と気のない相づちをするのではなく、「good」という相づちをしたほうが相手とうまくラポール形成できることを実証している。

相手が何か話しかけてきたら、「うん、いいじゃん」「いいね、それ」というライトな賛同をしよう。すると、やはり相手はうれしく思うのである。

職場の女性が、「○○さん、私、最近痩せたって思いませんか?」とこちらに尋ねてきたら、かりにそんなふうには全然思っていなくとも、「あっ、やっぱり!? いいじゃん」と適当に賛同しておいてあげたほうが、その相手との関係はよくなる。

「なんだか違うなあ」と思っても、うわべでは「うん、あなたの言う通り」と言っておけば、とりあえず相手と気まずい関係になることはない。とりあえずいったんは賛同しておいて、どうしても何か言いたいのであれば、最後に少しだけそれを添えればよい。

「全体としてはこれでバッチリだと思うんだけどさ、ものすごく細かいことを言うと、この部分が、ちょっとだけ気になるかな」

という感じで伝えるのである。いきなり否定から入るのではなく、少なくとも最初の段階では賛同を示すからこそ、相手も気分よくみなさんのアドバイスに従ってくれるのである。

ラポール形成のルール

お世辞に抵抗があるなら、同意や賛成を示してあげるだけでもいい

コラム

4分の3は賛成しておけば、4分の1は反対でもいい

相手に賛同するとはいえ、1から10まですべてのことに賛成しなければならない、というわけではない。もちろん、ラポール形成の初期段階においては、１００％そっくり相手を受け入れてあげたほうがいいに決まっているのだが、「もうずいぶんと関係も構築できたし、大丈夫かな」と思えるようになったら、少しずつこちらの意見を述べていこう。

とはいえ、いきなり相手に噛みつくようなことはしてはならない。

かりに反対するとしても、全体のうちの7割か8割くらいは賛成しておきたい。

「AとBとCについてはまったく大賛成なんだけど、Dについてはどうなんだろうね？」

という具合に切り出していくのがポイントである。

イリノイ大学のジェラルド・クロアは、12のテーマ（スポーツ、趣味、結婚、宗教、学業、政治など）について、3つの点で賛成し、9つの点で反対する（つまり25％しか賛成しない）場合と、6つは賛成で6つは反対したとき（つまり50％の賛成）、大多数の9つで賛成し、3つの点では反対する（つまり75％の賛成）という3つの条件で、どれくらい好かれるのかを実験的に確認してみた。

すると、やはり25％しか賛成しないときより、50％賛成したほうがよく、さらによいのは75％の賛成をするときであることがわかった。賛成するのはやはり正しい戦略なのであ

る。とりあえず75％、つまり全体の4分の3で賛成しておけば、みなさんが嫌われるということはないと思う。逆に言うと25％くらいは反対してもかまわない、というわけである。

いつでも、相手の言うことに100％賛成していると、さすがに疑わしいというか、実は何かたくらんでいるのではないかと相手に疑心を与えかねない。その点、7割から8割に賛成をとどめておけば、相手にそういう心配をさせることもない。つまり、とても現実的なやり方なのである。

交渉においては、「勝者の呪縛」と呼ばれる現象が知られている。相手の言い分を、そっくり100％受け入れると、逆に相手はうれしくなってしまう、という現象である。たとえば、「100万円の値引きをしてよ」と交渉相手に求められたとき、「ああ、いいよ」とすんなりうなずいてしまうと、相手はひょっとしたらもっと値引きさせてもよかったんじゃないか、などと考えてしまうわけである。

要求通りに値引きをしてもらったということでは、交渉相手は「勝者」であるにもかかわらず、あまりにあっさりと言うことを聞いてもらえると、逆に不満になってしまうこともあるのだ。これが「勝者の呪縛」と呼ばれる現象である。人付き合いでもそうで、相手の言うことに賛成するのはよいが、それが毎回のことになると、かえってうれしさを感じなくさせてしまう。その意味でも、たまにはほんの少し相手に反対するのは決して悪いことではないし、むしろ積極的にそうしてあげたほうがよい、ということもあるのだ。

第4章

人間関係がラクになる！
相手とよい距離を保つ
雰囲気づくりのコツ

とりあえず相手のほうに近づいてみる

相手をリーディングするときには、攻撃的に相手を威圧するようなことは慎まなければならない。

相手が誘導されていることに気づかれないように、ソフトに、やさしく導いてあげるのがベストである。

子牛をトラックに乗せようとするときには、後ろからグイグイと押し上げるようにすると、子牛は嫌がって絶対にトラックに乗ろうとしないらしい。ムリにやろうとすると、子牛は暴れて抵抗するのだ。

ところが、子牛の口に自分の指をやさしく入れて、指を吸わせながらそのままトラックの中に導くようにすると、簡単についてくるという話を聞いたことがある。

『北風と太陽』の寓話ではないが、**やさしいやり方のほうが、相手も応じてくれる**のである。人間関係でも、それはまったく変わらない。

相手が喜んで応じてくれるような、そういう雰囲気を作り上げるには、いくつかの方法がある。

本章では、そういうやり方についてお話ししていこう。

だれでも簡単にできるという点では、**「相手のほうに近づく」**というやり方がある。

私たちは、遠く離れた人よりも、自分の近くにいる人のほうに好意を感じやすい、という原理がある。

相手との物理的な距離が離れれば離れるほど、心理的な距離も離れてしまう。

だから、なるべく相手との物理的な距離を狭めるようにするのだ。

たとえば、向かい合わせに座るときには、なるべく椅子に浅く腰を掛けて、相手のほうに上半身を傾けるように（つまり、前傾の姿勢をとるように）すると、相手との心理的距離も近くなるし、好印象も与えやすくなる。

逆に、椅子に深く腰を下ろし、背もたれに体重をあずけるような座り方をすると、どうしても後傾姿勢になりがちで、相手には冷たい印象を与えてしまう。

シンシナティ大学のジニ・ハリガンは、男女4名ずつのお医者さんが実際の患者を診察している場面を分析してみたことがあるのだが、「ラポールを感じさせる」お医者さん、すなわち、「穏やか」「温かい」「共感的」「リラックスできる」という印象を与えるお医者さんほど、前傾姿勢で診察を行なっていることがあきらかにされたという。好かれるお医者さんほど、前傾姿勢をとっていたのだ。

逆に、患者さんに嫌われるお医者さんは、みな一様に共通して、椅子にふんぞり返るように座って後傾姿勢をとっているお医者さんであった。そういう姿勢をとっていると、患者さんとラポール形成をするのは難しい。

できるだけ相手との距離を狭めよう。

立ち話をしているときには、近くのベンチなどに相手を誘導し、そちらに並んで座ることを提案しよう。ベンチに座るようにすれば、よほど大きなベンチでもないかぎり、必然的に相手とかなり近づいて座ることになるので、一気に心理的な距離を縮めることができるからである。

ラポール形成のルール

相手との物理的な距離を狭めると、心理的な距離も狭まる

「アイコンタクト」を2倍にしてみよう

相手の目をじっと見つめることは、非常に強力なテクニックである。

私たちは、自分が興味・関心のあるものについては、どうしても目が釘づけになるものであるが、**相手のことをじっと見つめることは、「私は、あなたにものすごく興味がある」というサインを伝える**のだ。

目を合わせず、そっぽを向いたり、うつむいたりしていると、

「私は、あなたに興味がない」

とか、

「私はあなたの話を聞きたくない」

というサインになってしまう。

だから、相手の目を見つめることは大切なのだ。

たとえ相手の話にまったく興味が持てなくとも、それでも相手の目を見つめていれば、「しっかり話を聞いていますからね」という姿勢が相手にも伝わる。少なくとも退屈そうだとは思われない。

おそらく読者のみなさんも、それなりに相手の目を見つめているとは思うのだが、その時間を2倍にしてほしい。

今のみなさんのアイコンタクトは、少なすぎるのだ。だから、人とうまくラポール形成ができないのである。

オハイオ州立大学のマイケル・ラクロッセは、全体の会話時間のうち80％の時間をアイコンタクトした場合と、40％しかアイコンタクトしない条件で、どれくらい好かれるのかの比較を行なっているが、アイコンタクトを2倍にしたときに「親しみが持てる」「魅力を感じる」という答えが増えたのである。

おそらく現在のみなさんは、10分間の会話をするときには、せいぜい3分とか4分くらいしか相手の目を見ていないのではないかと思う。だから、相手にもそんなに好かれないのである。

その**時間を2倍にして、8分くらい相手の目を見つめるようにすれば、すぐに好かれる人間になれる**はずだ。

「でも、相手の目を見つめていると、恥ずかしくなっちゃうんですよ」

と言う人もいるであろう。

そんなときには、**相手の右目だけを見つめ、次に左目だけを見つめ、また右目だけを見つめる、というように相手の片方の目だけを交互に見つめるようにするといい。**こうすると、あまり恥ずかしさを感じないからである。

このテクニックは、ブライアン・トレーシーとロン・アーデンの『魅せる力』(ダイヤモンド社)で紹介されているものである。

視線の切り替えをするようにすると、だれでも長い時間、アイコンタクトができるようになるという。

また、**相手の目を見つめるのが恥ずかしい人は、鼻の上あたりに視線を置いてもいい。**こうすると相手と直接に目を合わせることはないのだが、相手にはみなさんがしっかりとアイコンタクトしているように見えるからである。

ラポール形成のルール

相手の目を見つめるだけで、よい関係が築ける

ヘソを相手に向けると、円満な関係が築ける理由

ビル・クリントン元大統領は、一緒にいる人をくつろがせる達人として知られていた。初対面の人とさえ、クリントン元大統領はフレンドリーな雰囲気を作るのがうまかったのである。

ところが奥さんのヒラリー・クリントンさんのほうは、どこか冷たい印象を与えている。これはどうしてなのだろうか。

ＦＢＩ捜査官のジャニーン・ドライヴァーによると、ご夫婦の違いを分けているものは、「ヘソ」であるという（『ＦＢＩ式 人の心を操る技術』メディアファクトリー）。

クリントン元大統領は、たとえば支持者に声をかけられたりすると、必ず立ち止まって、自分のヘソを相手に向けて挨拶するのである。つまり、真正面できちんと向き合うようにするのだ。

ところがヒラリーさんのほうはというと、支持者に声をかけられても、ヘソを向けず、顔だけを向ける。

わずかな違いであるが、これによってヒラリーさんは冷たい印象を与えるのだとドライヴァーは指摘している。

ボストン大学のリンダ・ティクルデグネンも、ラポールを生み出す要素として、「ヘソを向けること」を挙げている。

ティクルデグネンによると、笑顔、うなずき、アイコンタクト、前傾などもラポール形成に役立つが、「ヘソを向けること」もそのひとつに加えているのである。

笑顔やうなずきが大切だということは、たいていの人が知っている。

ところが、「ヘソ」のほうは、意外に知られていない。笑顔と同じくらい大切なことなのだが、あまり気にかけている人がいないのは不思議だ。

職場で上司に声をかけられたら、顔だけを向けて返事をするのではなく、まず自分の椅

子を上司のほうに動かすなり、上司のそばに近づくなりをして、きちんとヘソを向けるようにしなければダメだ。

ヒラリーさんと同じ過ちをしてはならない。私たちが真似すべきは、クリントン元大統領のほうなのである。

私たちは、ついつい億劫《おっくう》がって、ヘソを向けることをしない。

「まあ、顔だけは相手のほうに向けているんだから……」と思うのであろう。ひどい人になると、顔も向けず、「は〜い、なんですか?」と声だけ返事をしようとする人がいる。声だけ返事をするのに比べたら、顔を向けるのはまだましであるとはいえ、やはりヘソを向けることにはかなわない。

好かれるお医者さんも、患者を診察するときには、きちんとヘソを向けて真正面から向き合うようにする。

ところが、ダメなお医者さんは、身体を横に向けて、パソコンの画面ばかりをのぞき込みながら、あるいはカルテにばかり目をやって、声だけで患者と受け答えをしている。患者に冷たい印象を与えてしまうのは、身体を横に向けているからだ。

面倒くさがらずに、いつでもきちんと身体は相手に向けたい。

ヘソに注意して、しっかりとヘソが相手のほうを向いていなければ、円満な関係を築くことはできない。

ラポール形成のルール

笑顔やうなずきよりも、ヘソを向けることが大切

人に会うときには、腕も足も組まないほうがいい

人に会っている最中は、腕組みをしてはならない。

考えごとをするときなど、人はついつい腕組みをしたくなってしまうものだが、これはやめたほうがいい。

腕組みというのは、身体の前に「防御壁」を作るのと同じである。心理的にはそういうサインになる。

そのため、腕組みをする人は自分でも知らないうちに、目の前にいる人物に、「お前は、私のほうに近づくな」というサインを発してしまうことになる。これでは、ラポール形成

もできるわけがない。

ようするに、腕組みは、相手が近づこうとすることを「ブロックする」ような働きをしてしまうのだ。

足を組むのもそう。

足を組むのもやはり、「これ以上、私に近づいてくるな」というサインになる。だから、相手も心理的な距離を感じ、足を組む人に対してはネガティブな感じを受けてしまうのである。

電車の中で、足を組んでいる人を見てみるといい。

自分では気づいていないかもしれないが、周囲の人にはおそらくネガティブな印象を与えてしまっていることであろう。

インディアナ大学のサンドラ・スミスハネンは、腕組みをする人物と、腕組みをしない人物のビデオを作成し、それを40名の大学生に見せて印象を尋ねる実験をしてみた。その結果、腕組みをしていると、しない場合に比べ、「温かさ」と「共感性」が大幅に減ることがあきらかにされた。

腕組みをしていると、「なんとなく冷たい」とか「なんとなく高圧的」という印象を与えかねないことが、この実験からもわかるだろう。

また、同じ印象は、足を組んだ場合にも見られることをスミスハネンは突き止めている。足を組むのも、腕を組むのも、人に会っているときには絶対にやめたほうがいい、と私がアドバイスするのは、このデータに基づいている。

先日、私がお会いしたある出版社の重役は、どことなく「威張っている」「横柄」という感じがして好きになれなかったのだが、その理由は彼が始終腕組みをしていたからである。本人に悪気はなかったのかもしれないが、私にはとても冷たい人のように見えた。

おそらく腕組みをするのがクセのようになってしまっているのだろうが、こういうクセは貧乏ゆすりなどと同じくできればやめたほうがいい。悪いクセは、直せるようなら直してしまったほうがいい。

人に会うときには、できるだけ両手をゆるやかに広げるようにし、相手を「包み込む」ような姿勢をとるといい。

腕を広げることは、「私はあなたを抱きしめたい」とか「私はあなたを受け入れたい」というサインになる。

つまりは、ラポール形成に役立つしぐさなのである。

宗教家の人などは、よく両腕を開くようなしぐさをするが、それもやはり信者を受け入れているというサインを示すために、そういうしぐさをするのであろう。

ラポール形成のルール

足や腕を組むと、相手に悪い印象を与えてしまう

ラポール形成のために、「握手」を積極的に利用する

日本人ビジネスマンは、欧米人のように握手をするという習慣を持たない。最近、ちらほらと握手をする人も増えてきているような印象を受けるのだが、**握手は絶対にやったほうがいいので、ぜひ習慣化しておこう。**

心理学では、お互いの身体を「触れ合わせる」ことを**「タッチング」**と呼んでいる。タッチングは、すればするほど心理的なつながりを強化するという働きをする。

けれども、初対面の人にそんなに馴れ馴れしくタッチングするのは、現実にとても難しい。

相手が椅子に座ろうとするときに、あるいは部屋の中に相手を導くときなどに、さりげなく背中を触ることはできるかもしれないが、なかなかにハードルが高い。

ところが、握手のほうはというと、そんなにハードルが高くないのだ。

「はじめまして、内藤です」と自己紹介しながら右手を差し出せば、自然な流れとしてタッチングができるのである。相手もまったく警戒はしない。ただの握手だと思うからである。

握手を断られるようなことも絶対にない。これは、相手が同性であっても、異性であってもそうである。

もともと、開いた手を相手に差し出すことは、「私は、武器などを隠し持っていませんよ」ということを相手に示すための意思表示から始まったという歴史的な経緯があるそうであるが、つまりは、「私は、あなたと友好的にやりたいんです」というサインが握手なのだ。

握手をすることによって、手と手を触れ合わせれば、すぐにラポール形成ができる。

米国アラバマ大学のウィリアム・チャップリンは、握手をする場合と、握手をしない場合とで、相手に与える印象がどのように変化するのかを実験的に調べたことがあるが、握手をすると、「社交的」「内気でない」「神経質でない」「開放的」といったイメージを与えることがわかったという。ポジティブな印象を与えるのだ。

選挙期間中の政治家は、出会う人すべてととにかく握手をしまくる。

なぜ握手をしまくるのかというと、それが自分のファンや支持者を増やすためのてっとり早い方法だからである。

高邁《こうまい》な理想や政治論などを語って聞かせるより、「よろしくお願いします」と握手をしたほうが、心理的には自分の支持者を増やすのに役立つ。

政治家は、それを経験的によく知っているから、指の指紋が消えるほどに握手をしまくるのである。

キャバクラで働く女性たちが、男性客の手をやさしく握るのも、やはりタッチングの心理効果を狙ったものである。手を触られていると、男性客はその女性に心を許すようになり、指名してくれる回数も増える。それをわかっているから、キャバクラの女性は手を握ることを拒まないのだ。

ただし、**握手をするときには、なるべくしっかりと握手をすることを心がけよう。**

手に力を入れずに、弱々しい握手をすると、相手に「気持ち悪さ」を感じさせることになってしまい、逆効果になるからである。

握手をするときには、恥ずかしがらずに、少し力をこめるような感じでするのがコツである。

ラポール形成のルール

心理的なつながりを強化するためには、握手が有効な手段となる

メガネをやめて、コンタクトにしてみよう

とてもよくメガネが似合う人もいるが、たいていメガネをかけている人は、どことなく地味というか、野暮ったいというか、ネガティブな印象を与えることのほうが圧倒的に多いのではないかと思う。

「メガネ男子」などという言葉もあり、メガネをかけている男性が好きだという女性もそれなりに存在するようであるが、メガネをかけても似合う男性は、メガネがなかったらもっとモテるような男性である。基本的には、**メガネはみなさんの魅力を引き下げるのが普通**だ。

ニューメキシコ大学のマリー・ハリスは、メガネをかけている、あるいはかけていない状態での男女5名ずつの写真を使って、メガネがどのように人の印象を変えるのかを調べてみた。

すると、男性にしても、女性にしても、メガネをかけていると「魅力」が大幅に減ることがあきらかにされたという。メガネをかけていても魅力が高い人は、メガネがなかったらもっと魅力が高くなるのである。また、メガネをかけていると「セクシーさ」の評価も減ってしまうこともわかった。

普段メガネをかけている人は、できればコンタクトに変えたほうがいい。

メガネをかけていると、どうしても顔の一部がメガネによって隠されてしまうことになり、それが原因で、どことなく陰気に見えるというか、隠しごとをしているようなイメージを与えてしまう。

メガネをやめてコンタクトにすれば、それだけ顔がはっきりと相手に見えるようになり、顔全体に光が当たるので明るい印象を与える。これは、だれでもそうなるのである。

「メガネをかけていると、知的に見えるので、いろいろとトクをするのではないでしょうか？」

と思う人もいるであろう。

たしかに、メガネをかけていると「知的に見える」ということはある。それを示す心理学のデータも存在する。

けれども、「知的」とか「クール」に見えるというのは、言い方を変えれば、「冷たい印象を与える」ということでもある。

「知的」というと聞こえはいいが、どことなく人を突き放したような雰囲気があるということであり、「冷たい」というイメージと重なることのほうが多いのである。

私たちが狙うのは、相手とのラポール形成であることを考えれば、**「知的」になど見えなくともよく、「明るく、社交的」というイメージを与えたほうがずっといい**わけで、その意味でも、メガネよりコンタクトのほうが利益は多いのだ。

男性でも女性でも、メガネをかけていないときのほうが、よほど顔が明るく見える。メガネをかけていなければ、それだけ光を顔全体で受けることになるので、自然に光り輝いて見えるためである。

メガネがあると、その部分がどうしても影になってしまい、顔全体の印象も暗くなってしまうのだ。

ラポール形成のルール

メガネをかけていると、冷たいイメージを与えてしまう

顔を少し上げ気味にすると、人間関係が良好になる

メガネを外せば、顔全体に光が当たるようになってそれだけ明るい印象を与える、という話をした。

これに関連して述べておくと、アゴを少し上げ気味にすることも覚えておくといいだろう。

アゴを少し上げる、すなわち、顔を上げるようにすると、そのぶんだけ顔に光が当たることになり、顔が照らされることによって、明るいイメージを与えるのである。

古典芸能の能の世界では、悲しい感情を表現するときには、顔をうつむき加減にする。すると、顔に光が当たらなくなり悲しげな顔になる。うつむくと、天井からの光で影ができるように計算して能面は作られているからだ。

能の世界では、アゴをちょっと引いて、表情にかげりを作ることを「面《おもて》を曇らす」と呼ぶらしいが、顔を下に向けていると、だれでも暗い感じに見えてしまうのである。

逆に、少しだけ顔を上げるようにすると、今度は笑って見える。

木彫りの能面は、表情が変わるということなどないはずなのに、顔を上げるだけで笑って見えるのである。

人間の顔もまったく同じだ。

顔を少し上げ気味にすると、たとえ無表情であっても、ほかの人には「笑って見える」のである。

笑顔を作るのが苦手な人でも、顔を上げ気味にすれば、それだけで笑って見えるので、とても便利なやり方だ。

カナダのケベック州にあるラバル大学のアービッド・カッパスは、いろいろとアゴの角度を変えた72の顔写真を分析したことがあるのだが、アゴを上げていると、ポジティブな印象を与えることがわかったという。

また、アゴを上げている顔は、「幸せそうにも見える」ということがわかった。顔を上げ気味にしていれば、ほかの人から好意的な印象を受けやすくなるのである。

カッパスによると、アゴを下げると、ネガティブな評価が多く見られるようになるらしい。また、「悲しそう」にも見えてしまうという。悲観的な人間に見えることは、人間関係においてはマイナスである。


打ち合わせをするときなど、資料ばかりに目をやるのはいただけない。

資料に目をやろうとすると、どうしても顔をうつむかせることになり、そういう顔は陰気に見えてしまうからである。

資料に目をやるのは最小限にしておき、できるだけ顔を上げた状態をキープしよう。

資料など読まなくとも、相手の話をきちんと聞いていれば内容は理解できるのであるし、相手の顔を見ていたほうが、アイコンタクトもでき、しかも顔をうつむかせることがないので、明るい印象も与えるという、一石二鳥の効果が狙えるのだ。

ラポール形成のルール

笑顔を作るのが苦手な人は、顔を少し上げ気味にするといい

前髪を上げて「おでこ」を出すと、あなたの魅力は高まる

パーソナルモチベーターであり、セラピストの石井裕之さんは、その自著『ダメな自分を救う本』（祥伝社）の中で、

「引っ込み思案を直そうと思ったら、思い切って前髪を上げて、おでこをスッキリ出してみるといい」

というアドバイスをしている。

前髪が長いと、顔全体の印象が暗くなる。

自分ではそんなつもりはなくとも、前髪が長いと、ほかの人には、どうしても引っ込み

思案で陰気な印象を与えてしまうのである。

前髪はできるだけさっぱりとさせたほうがいい。男性は、短髪のほうがさわやかなイメージを与えるし、女性はピン止めなどでおでこを出すようにすると、愛くるしいイメージが高まる。

おでこを出すようにすれば、それだけでみなさんの魅力は2割から3割は増える。

なぜ、おでこを出したほうがいいのかというと、赤ちゃんのような顔に見えるからだ。

米国ネバダ大学のベアトリス・ガードナーによると、私たちは、丸みを帯びたおでこを見ると、赤ちゃんの顔を連想する。そのため、おでこを出した人を見ると、「かわいらしい人だな」と感じるらしいのである。

一般的に赤ちゃんの顔は、おでこが広い。

そのため、おでこを出していると、だれでもベイビーフェイスに見えるのである。赤ちゃんのように愛くるしく見えるので人の心を安心させるのだ。これがおでこを出したほうがいい、という心理学的な理由である。

おでこを出すようにすると、だれでも顔が丸っぽく見える。

「私は、丸顔なのがイヤだ」と言う人もいるだろうが、ドラえもんにしろ、アンパンマンにしろ、人気のキャラクターはたいてい丸顔であるのは、それが見る人の心を癒す働きをすることを考えてみよう。

丸顔は好かれる顔でもあるのだと思えば、自分が丸顔であることも受け入れられるようになるはずだ。

丸顔だからといって、それを隠す必要はどこにもない。前髪でおでこを隠し、なるべく丸顔に見えないように健気な努力をしている人もいるが、そんな努力をする必要はないし、むしろ魅力を引き下げるだけである。

私も若いときには、自分が丸顔であることを恥ずかしく思っていた。大学生の頃には、ミュージシャンのように長髪だったこともある。けれども社会人になって髪を切り、おでこを出すようにしたら、周囲の人たちから「そっちのほうがずっといいよ」と言われ、ウケがいいことを知った。

私たちは、ともすると自分のおでこを隠したがるものであるが、おでこは隠すのではなく、積極的に出していくのが正解である。

おでこを出すようにすると、実際の年齢よりも年少に見えるので、若々しいイメージにもなることを覚えておこう。

ラポール形成のルール

前髪でおでこを隠すと、顔全体の印象が暗くなってしまう

おしゃべりでは、「オウム返し」を心がける

人の話を聞くときには、相づちを打ちながら聞くのが普通であるが、「うん、うん」とか「なるほど」といった相づちでは、あまり効果がない。

効果がまったくないわけではないのだが、あまりにも効果が弱すぎて、ラポール形成にはあまり役に立たないのだ。

相手ともっと親しくなりたいのであれば、より積極的な反応を心がけよう。

そのためのテクニックが、**「オウム返し」**である。相手の言ったことを、多少は言い換えながら相手に投げ返すのだ。このテクニックは、**「リフレーズ・テクニック」**と呼ばれ

ることもある。

たとえば、相手が「週末に合コンがあるんだ」と切り出してきたとき、「へぇ、そうなんだ」というのが普通の相づちであるが、より積極的にオウム返しを使って、「週末に合コンがあるんだね、いいなぁ」という感じで反応するのである。こちらのほうが、相手も会話に乗ってきてくれる。

オウム返しのいいところは、相手の言ったセリフをそのまま使えばいいので簡単にできるというところである。

つまり、だれにでも身につく話法なのだ。

南ブルターニュ大学のジャック＝フィッシャーロクーは、交渉を行なうときにも、オウム返しを使うと、使わない場合に比べてうまくまとまるケースが多くなると述べている。交渉するとき、相手のセリフをオウム返ししていると、相手もうれしくなって、心を許してくれる。そのため、妥結しやすくなるのである。

とりあえず相手が話してきたことは、そのままオウム返ししておくのが得策である。

A「明日までに報告書を3つも作成しなきゃいけないんだ」

B「えっ、報告書を3つ⁉」
A「ほかにもやらなきゃいけない仕事もあるんだぜ」
B「やらなきゃいけない仕事なあ……」
A「どれも手を抜けないし、ホントに困るよ」
B「仕事はどれも手を抜けないもんな」

このようにオウム返ししているだけでも、AはBに対して好意を持つ。自分の話を、しっかりと受け止めてもらったと感じるからである。

聞き上手と呼ばれる人たちは、ただ漫然と相手の話を聞いているわけではない。彼らは、話し手の言葉を上手にオウム返ししながら積極的に聞いているのである。単に、「ふぅん」とか、「そうなんだ」という相づちでは、そんなに相手に喜んでもらえない。きちんと相手のセリフをくり返さなければダメである。

もちろん、相手の言ったセリフを全文そっくりそのまま返そうとしなくていい。**あくまでも相手のセリフの一部を抜き出し、そこだけをオウム返しすれば十分**である。一語一句までオウム返ししようとするのは、やりすぎである。

オウム返しをする聞き方をしていると、相手の真意がどこにあるのかも理解できるようになる。相手が言葉のウラにあるホンネも語ってくれるようになるからだ。

ラポール形成のルール

相手と親しくなるには、相づちよりもオウム返しが効果的

「感情がよく現れた部分」だけを、オウム返しするテクニック

オウム返しをするときには、できるだけ相手の感情やホンネが現れている箇所についてのオウム返しを心がけたい。

どうでもいいような部分についてオウム返しをするよりも、**感情が大きく現れている部分についてオウム返ししてあげたほうが、より大きな喜びを相手に与えることができるから**である。

A「4月から昇進するのはいいんだけど、転勤がなあ……」

B「4月に昇進するんだね」

これは間違えたオウム返しである。

たしかにAは「昇進」についても語っているが、ホンネとしては「あまり転勤をしたくない」ということを話したがっているのであり、聞き手としては後半部分についてオウム返しをしてあげるのが正解である。

A「4月から昇進するのはいいんだけど、転勤がなあ……」
B「転勤がちょっと気になってるんだね」
A「そうそう、知らない土地でうまくやっていけるのか心配なんだ」
B「そりゃ心配だろうな」
A「な、やっぱりお前だってそう思うだろ?」

このように「心配」や「不安」「楽しさ」「期待」といった、本人の感情がより強く現れている箇所についてオウム返ししていくとよい。

そうすると、相手はどんどんホンネを語ってくれて、しっかり聞いてもらったといううれしさも感じる。

ペンシルバニア州立大学のロバート・アーリックは、90名の女子大学生をペアにして、学業の問題や人間関係について話し合わせるという実験をしたことがある。

ただし、ペアになる女性は、実は協力者のアシスタントであった。このサクラの女性は、あるときには「感情部分とはズレているオウム返し」をし、別のときには「感情についてのオウム返し」をしながら、おしゃべりすることになっていた。

そして本物の参加者がどれくらいたくさんしゃべってくれるのかの発言数を測定してみたところ、きちんと感情をオウム返ししてあげると、発言が27%も増えることがわかった。

オウム返しするときに、その場所がズレていたりすると、話し手も「なんとなく違うなあ」という気持ちになり、そんなに会話に乗ってきてくれなくなる。

しっかりと感情部分についてオウム返ししてあげると、つい気分がよくなってたくさんしゃべってしまうのだ。

またアーリックは、会話の後に、ペアになった人物への魅力も尋ねているのだが、感情部分をきちんとオウム返ししてあげたときには、ズレているオウム返しをしたときに比べて魅力が11%高まることも突き止めている。

慣れてくるまでには、ごく普通のオウム返しでもいいと思うが、なるべく相手の感情部分についてオウム返しができるように訓練しよう。そうすれば、みなさんはより上手な聞き手になれる。

ラポール形成のルール

相手の感情が強く現れている部分についてよく観察してみよう

コラム

人の話を聞くときには、たえず首をタテに振りながら聞け

日本語では、「首をタテに振る」という表現は、承認や肯定の意味になる。逆に、「首をヨコに振る」という表現は、拒否や反対という意味になる。

人の話を聞くとき、首をタテに振りながら聞いてあげると、相手の話を肯定的に受け入れているというイメージを与える。そのため、話しているほうもうれしさを感じる。

ユタ州立大学のジョン・セイターは、首を左右に振っている人が映っているビデオを見せて印象を求めると、あまり好意的な印象を与えないことをあきらかにしている。首をヨコに振るのは、あまり好ましい動作ではないのだ。

相手が何か話をしてきたときには、とりあえず首をタテに振ることを忘れないように。あまり大げさに動かしてはならないが、ゆっくりと首を上下に振りながら聞いてあげるのが相手をうまく誘導していくコツだ。

相づちを打つとき、積極的に首を動かす人はあまりいない。意識してやらないと、つい首を動かすのを忘れてしまうことも多い。

人の話を聞くときには、「そういえば、首をタテに動かしながら聞かなきゃいけないんだった」とたえず自分を戒《いまし》めるようにし、意識的に動かすようにしよう。慣れてくると首を動かしながら聞くこともできるようになるのだが、自動的に動かせるようになるために

は、しばらく訓練しなければならない。

首をタテに動かしながら話を聞く、というのは相手を喜ばせる非常に効果的なテクニックだ。

私は、セミナーや講演会で話すときに、参加者が首をタテに動かしながら聞いてくれると大変にうれしくなる。そのため、ほかではあまり語らないようなネタをサービスで話してあげたりする。

ところが、参加者がまったく首を動かさず、直立不動の姿勢で話を聞こうとしていると、私は話しにくくて仕方がない。しっかりと聞いてはもらえているのだと思うが、首を動かしてもらえないと、本当に自分の話が受け入れられているのか、ホンネとしては退屈しているのかがよくわからず、不安になるのである。

聞き方の上手な人は、首の動作をちゃんと意識してやっている。

そうすることで、話し手が自分に心を許してくれることを経験的に知っているのであろう。首を動かしながら聞いていれば、相手との間には強力なラポール関係が形成されるので、より親しくもなれるのである。

聞き方のヘタな人は、首をまったく動かさない。たとえ真剣に耳を貸しているのだとしても、これはダメな聞き方である。きちんと話を聞いていることを相手にも伝わるように、目に見える形で、首をタテに動かしながら聞いたほうがいいのだ。

第 5 章

ちょっとした工夫で…
どんな人とも仲良くなれる
心理戦術

「よく晴れた日」が、相手と仲良くなるチャンス

私たちの心理は、その日の天気によって影響を受ける。

ごく一般的な原則で言うと、**「晴れの日」は人の心は浮かれやすく、ハッピーな気持ちになりやすい。逆に、「雨の日」には、どうしても気分が落ち込みやすくなり、不機嫌になりやすい。**

たとえば、

「あなたは自分の人生にどれだけ満足していますか？」

というアンケート調査をするとしよう。

しかし、このアンケートの結果は、アンケートを実施した日の天気によって影響を受けるのだ。

ドイツにあるハイデルベルク大学のノルベルト・シュヴァルツによると、晴れの日に人生の満足度を尋ねると、回答者の満足度は軒並み高くなるというのである。そんなにハッピーな人生を送っている人ばかりのはずがないのに、天気が晴れだと、そういう回答が増えてしまうのだ。

ところが、雨の日に同じアンケートをすると、今度はみな人生満足度が下がってしまったという。

シュヴァルツは、私たちの心が天気によって大いに左右されてしまうことを確認したといえる。

晴れた日には、私たちは知らない人に対しても親切になりやすい。

晴れている日には、たとえば街中で困っている人を見かけたとき、私たちは援助の手を差し伸べやすくなるのだ。

南ブルターニュ大学のニコラス・ゲゲンは、晴れた日に道路で手袋をわざと落として、後からついてきた人が拾ってくれるかどうかを実験してみたことがあるのだが、晴れた日には65・3％が拾ってくれたという。

晴れた日には、人は親切になるのである。

ところが、曇りの日に同じ道路で手袋を落としても、後からくる人は53・3％しか拾ってくれなかったというのだ。

これらのデータからわかる通り、**天気が晴れの日というのは、自分がお近づきになりたい人と、さらに仲良くなれるチャンス**なのである。

天気が晴れていれば、雨や曇りの日に比べて相手は自然と幸せな心理状態になっているであろうから、みなさんのことも受け入れてくれる確率が高まる。したがって、晴れた日はどんどん人に会うチャンスなのである。

雨の日は、逆に注意が必要だ。

こんな天気の日には、どうしても人はイライラしがちであるし、知らぬ間に不機嫌になっていたりする。こちらが失礼なことをしたわけでもないのに、八つ当たりしてくることもあるかもしれない。

人にお願いごとをするのも、晴れた日のほうがいい。**メールや電話でお願いをするときにも、まずは天気を確認してからにしよう。**晴れた日のほうが、相手も喜んでみなさんの言うことを聞いてくれるからである。

ラポール形成のルール

雨ではなく晴れた日を選んで人に会うと、好印象を得られる

人に会っているときには、「温かい飲み物」を提供したほうがいい

私たちの心は目に見える存在ではないのだが、なぜか「温度」で形容されることが多い。「冷たい心」とか「温かい心」という表現がそれである。これは日本語でも英語でもそうである。心は、なぜか温度で形容されるのだ。

ここで、ひとつ疑問がわく。

もし、私たちの身体のほうを温めたら、心も温かくなるのであろうか。あるいは、身体を冷やすようなことをすると、心も冷たくなるのであろうか。

これは非常に興味深い仮説であるが、結論から言うと、まさにその通りなのである。

オランダにあるユトレヒト大学のハンス・イーゼルマンは、温かい飲み物を手で持っていると、心も温かくなり、逆に冷たい飲み物を持っていると、心が冷たくなるのではないか、という仮説を立てた。

この仮説を検証するため、イーゼルマンは温かい紅茶と冷たい紅茶を用意し、それをしばらく持たせた後の感情の変化を調べてみた。

その結果、温かい紅茶を手に持っていると、心のほうも温かくなって穏やかな気分になることが確認された。

逆に、冷たい紅茶を手に持っていると、いらだちや不愉快さ、ストレスを感じやすくなったという。

同じような実験は、コロラド大学のローレンス・ウィリアムズも行なっている。

ウィリアムズは、参加者を実験室のあるビルにまで案内し、4階までのエレベータに一緒に乗るときにホットコーヒーを手渡してみた。

すると、ホットコーヒーを持たされた人は、その後の人物を評価する実験において、「温かな人」と感じやすくなったのである。

ところが、実験前に、アイスコーヒーを手渡された人たちは、同じプロフィールの人物について、「冷たい人」という反応が増えたのである。

どうも私たちは、温かいものを手に持っていると、人にも思いやりや優しさを持てるようになるのに対し、冷たいものを手に持っていると、冷たい反応をとりやすくなってしまうものらしい。

このデータから推論すると、**たとえ夏場でも、人に会うときにはできるだけ温かい飲み物を出したほうがいい、**ということになる。熱いお茶などを出し、茶碗を手に持っていてもらえれば、みなさんに対してもより温かな反応をしてくれることが心理学的には予想できるのである。

ついでにいうと、夏だからといって、冷房のエアコンをガンガンにきかせて室温を下げるのは考えものだ。

私たちの心は、温度の変化によっても影響を受けるので、寒い部屋にいたら心も冷たくなりかねないからである。

ラポール形成のルール

温かい飲み物は、人の心を穏やかにさせる

人と座って会うときには、柔らかなソファを勧めよう

人と座って会うときには、できるだけ柔らかなソファを勧めるとよい。硬い木の椅子に座っていると、お尻が痛くなってくる。そこで感じられる不快感は、一緒にいる人にも感染してしまう。

本当のところ、硬い木の椅子に座っていることで気分が悪いのに、

「私がイライラしているのは、この人のせいだ」

と思い込みやすいのである。

そういうことにならないよう、**相手を座らせるときには、なるべく心地よさを感じても**

らうようなソファのほうがいい。

マサチューセッツ工科大学のジョシュア・エイカーマンは、柔らかな毛布、または硬い木のブロックを十分に触ってもらってから、ある人物に対する評価を求めてみた。

すると、硬い木に触れていたグループでは、その人物を「頑固で厳しい性格」と判断することがわかった。

柔らかなものに触れていると、私たちの心も柔らかくなり、それによって他人に対する印象も柔らかなものになる。

逆に、硬いものに触れていると、心も硬化し、他人を悪く評価するようになってしまうのだ。

また、エイカーマンは、硬い木の椅子か、柔らかいソファに座らせて、疑似的な交渉をさせるという追加実験をしてみた。

するとやはり、このときにも、柔らかなソファに座って交渉をしたほうが、お互いに相手のことを思いやって提案を譲歩し合うことが判明したという。

硬い木の椅子に座っていると、どうしても交渉は難航しがちになる。それは、お互いの心が固くなるからだ。

人と会うときには、できるだけ相手をくつろがせるような居心地のいい空間を設定しておくとよい。そういう下準備をしておくからこそ、簡単にラポール形成もできるわけである。

喫茶店などで打ち合わせをするときには、柔らかな椅子やソファが設置されているのかをあらかじめ確認しておこう。

そういう確認をしておけば、打ち合わせもスムーズにいく。コーヒー代が安いからといって、適当な喫茶店を選んでしまったりすると、椅子が座りにくかったりして打ち合わせ自体がうまくいかなくなる。

相手に柔らかなものを触れさせておくと、仲良くなれるのに都合がよい、という原理から考えると、**一緒に食べるのはふわふわしたおまんじゅうやあんまん、クレープのようなものがよく、硬いせんべいなどはあまり好ましくない、**ということにもなる。お土産を持っていくときなどは、柔らかいもののほうがいいであろう。

私たちは自分の身体が触れているものの影響を受けやすいので、硬いものにはなるべく触れさせないようにしたほうがいいのである。

ラポール形成のルール

柔らかなものに触れていると、他人に対する印象も柔らかなものになる

「うるさすぎる場所」が、人と仲良くなるのに適していないのはなぜか

掃除機や機械の騒音が好きだ、という人はあまりいない。オフィスのそばで道路工事などをやられると、ウイーンとか、ガガガという騒音が気になって、だれでもイライラする。

私たちは、騒音には耐えられないのである。

あまり騒がしい場所では、私たちは落ち着かない気分になる。

そのため、**人に会うときには、できるだけ騒音の少ない、落ち着いた場所を選びたい。**

私たちの心は、ちょっとした環境の変化にもずいぶん影響を受けてしまうものだからである。

店内が騒がしい居酒屋で、仲良くなろうというのは難しい。

もし、入った居酒屋があまりに騒がしいようなら、予約をキャンセルしてでも、ほかのお店に移ったほうがいい。

一緒に食事をする最大の目的は相手と仲良くなることなのだから、もっと静かなお店に変えるのは、当たり前すぎる作戦である。

お店のＢＧＭがうるさすぎるお店も、人と仲良くなるのにはあまり適切な場所ではない。ＢＧＭのほうが気になってしまって、お互いに会話をするどころではなくなってしまうからである。


私たちは、本能的にうるさい場所を避けようとする。

チェコ共和国にあるフラデツ・クラーロヴェー大学のマレック・フラネックは、街中の歩行者の歩くスピードを計測し、交通量の多いところや騒音の多いところでは、人は無意識のうちに足早になることをあきらかにしている。

緑の多いところなどでは人はゆっくりと歩こうとするのだが、騒がしい場所からはなるべく早く逃げ出そうとするものなのだ。

騒がしい場所で人に会おうとすると、相手は「早く帰りたい」ということばかりを考えてしまい、みなさんの話を適当に聞き流すようになる。これでは、ラポール形成などできるわけがない。

人に会うときには、なるべく静かな環境が望ましい。静かな環境であれば、相手はずっとその場にいても居心地がよいと感じる。そういう居心地のよさは、一緒にいる人と心を許し合っているからだ、と相手は思う。

「なんだかこのお店は騒がしいな」

と感じたら、

「この近くに、落ち着いたラウンジのお店を知っているんで、そちらに行ってみませんか?」

などと提案し、早々に移動しよう。そのほうが絶対によい結果を生み出す。

移動するのが面倒くさいからといって、騒々しいお店にいつまでも長居しようとする人もいるが、そんなところで我慢するのは本当にお金と時間のムダ遣いになる。さっさと移動することをおススメしたい。

ラポール形成のルール

騒がしい場所で、人と仲良くなるのは難しい

「混雑した場所」は、相手を不快にしてしまうから要注意！

騒がしいお店もそうだが、混雑した場所も人に会うときには不適だ。

都内のお店などは、喫茶店でも居酒屋でも、店舗面積が異様に狭く、隣のテーブルとほとんどくっついているような場所がある。荷物やコートの置き場所にも困るくらい狭いのだ。

こういう場所では、どうしても隣のテーブルの人とぶつかりそうになるくらい密着しなければならないわけだが、ほかの人の目や耳が気になって、くつろいだ雰囲気を作るのはきわめて難しい。

混雑した場所は、相手を落ち着かない気分にさせてしまう。お互いの話がほかのお客に聞こえないように小声にしなければならないから、どうしても聞き取りにくくなる。それにまた、知らない人が一ヶ所に大勢集まる空間というのは圧迫感が出てしまう。

人に会うときには、個室であるとか、せめてほかのテーブルとパーティションで区切られているとか、ともかく混雑感がなるべく出ないような配慮をしてくれるお店を選びたい。ほかのお客の目が気にならないようにしないと、相手に心を開いてもらうのは難しくなってしまうからである。

カンザス州立大学のウィリアム・グリフィットは、同じ大きさの部屋を2つ用意し、片方の部屋には3人から5人を集めてグループを作らせた。こちらはゆったりした部屋のグループである。

別の部屋には、同じ大きさの部屋の中に12人から16人が一斉に集められた。意図的に混雑した空間を作り上げてみたわけである。

さて、それぞれの部屋に集まってもらったメンバーに、お互いの魅力を評価してもらったところ、3人から5人の比較的ゆったりとした空間にいるメンバーは、お互いの魅力を高く評価した。

空間的な居心地のよさが、相手の評価にも好ましい影響を与えたのである。

ところが、同じ部屋に12人から16人も集められたグループでは、ほかの相手への魅力を「気分が悪い」と低く評価した。「気分が悪い」本当の原因は、部屋が混雑しているせいなのであるが、参加者たちはそれに気づくことはなく、ただ一緒にいる人たちを悪く評価するようになったのである。


先ほど、騒々しい場所からは早々に逃げ出すのがベストだという話をしたが、同じことは混雑した場所にも当てはまる。

お花見にしろ、花火大会にしろ、もし仲良くなりたい人と出かけるのであれば、できるだけ混雑しないような穴場を見つけておかなければならない。**ぎゅうぎゅうに混雑した場所に相手を連れていくのは、まったくもって危険きわまりない。**

混雑した場所にいたら、相手もイライラするし、みなさんもイライラするであろう。そしてつまらないことで口ゲンカをし始めたりする。そういうことから考えたら、たとえイベントに出かけるのは楽しいことでも、大変な混雑が予想されるのであればあえて「出かけない」を選択したほうがいいこともあるのである。

ラポール形成のルール

騒々しい場所は、相手を落ち着かない気分にさせてしまう

スマホを机の上に置くのは厳禁！

なにげなく机の上にスマホを出したままにしておく人がいる。特に相手に迷惑をかけているわけではないのだから、大丈夫だろうと思っているのかもしれないが、これはやめたほうがいい。

スマホを机の上に出しておくということは、

「もしだれかから連絡があれば、私はそちらを優先する」

というサインを相手に出してしまう。つまり、目の前で実際に会っている人を軽んじている、という意味になるのだ。

「それは考えすぎでは?」と思われるかもしれないが、そうではない。実際、**スマホを机の上に出されていると、私たちはスマホを出したままにしている人を嫌う**ということが、データによってもあきらかにされている。

英国エセックス大学のアンドリュー・プルジビルスキは、74名の女性をペアにして「ここ1ヶ月に起きた面白いこと」というテーマで10分間のおしゃべりをさせた。

このとき、半数のペアでは、スマホが相手から目に見えるところに置いてあった。残りの半数では、スマホはカバンの中にしまわれていて、目に見えるところにはなかった。

さて、10分間が経過したところで、

「あなたはこの人と友だちになれそうか?」

という質問に答えることになっていたのだが、スマホを目の前に置かれていた人は、

「友だちになれそうもない」

と答えていたのである。

しかも、ほぼ全員がそう答えていたのだ。

プルジビルスキによると、スマホを目の前に出されていると、

「あなたは私とつながりたいのですか? それともほかの人とつながりたいのですか?」

という気持ちにさせてしまうらしい。

なんだかヤキモチのようであるが、ともかく気分が悪くなるのである。


この解決法は、いたって簡単である。

ようするに、**人と会うときには、スマホの電源を切ってカバンにきちんとしまっておけばいい**のである。

こうすれば、「私は、あなたのことを一番大切にしていますよ」というサインを相手に伝えることができる。

机の上にスマホを置いておくと、かりにそちらを優先しなくとも、チカチカと点滅すれば相手にも気になる。「あ、だれかから連絡があったな、大丈夫なのかな」と余計な気を遣わせてしまう。


できるだけ相手の気分を盛り上げ、ラポール形成を促進しようという目的からしたら、スマホを出したままにするのは絶対にNGである。

スマホを手放せない人が増えているように思われるので、この注意点は必ず守るようにしていただきたい。

スマホをしまっておくというのは、目の前にいる人に対しての最低限の礼儀である。学生のうちなら許されることでも、社会人になってからは許されないことなのだという意識を持とう。

ラポール形成のルール

スマホを机の上に出しておくと、一緒にいる相手は不快な気分になる

人間関係を良好にするために、一緒に「甘い食べ物」を食べる

お菓子やケーキなど糖分を含んだものは、一緒に食べるといっぺんに仲良くなれる魔法の小道具として利用できる。

できれば、一口サイズのグミやチョコなどを携帯しておき、仲良くなりたい人に勧めながらいつでも一緒に食べられるようにしておきたい。甘いものを嫌いな人はめったにいないので、喜んでもらってくれる。

私たちは、糖分を摂取すると、すぐに幸せな気持ちになれる。

当然、その幸せな気持ちは一緒にいる人にも感染するので、みなさんに対する好意へと

つながる。**甘いものを勧めるのは、相手の心を開かせ、うちとけた雰囲気を作り上げるのに、ものすごく役に立つ**のだ。

糖分をとれば「甘さ」を感じるわけだが、その「甘さ」は、人に対する「甘さ」にも影響をする。

普段は怒りっぽい人でも、甘いものを食べた後なら、心がホクホクしてきて、そんなに厳しい態度をとらなくなる。人にやさしくなってしまうのだ。

ニューヨーク市立大学のケンドール・エスカインは、甘いジュース（ミニッツメイドのベリーパンチ）を飲ませてから人物判断を行なわせると、非常に「甘い」評価になることを突き止めている。

たとえ部下が何らかのミスをしたとしても、甘いものを食べた直後であれば、「うん、まあ、今回は仕方ないよ。つぎから頑張ってね」とやさしい声をかけられるようになる。糖分には、そういう効果があるのだ。

エスカインはまた、苦いジュース（ハーブ入りの健康飲料）についても実験してみたのだが、「苦さ」を感じさせた場合には、人に対しても厳しい態度をとることをあきらかにしている。

苦いブラックコーヒーを飲んだ後などでは、私たちは知らないうちに人に対しても厳しい態度をとりがちになってしまうわけである。

人と一緒に食べるものは、甘いものが絶対におススメだ。

甘いものを食べていれば、相手はみなさんにも「甘い」判断をしてくれるようになる。

味覚と心は、微妙なところでつながっているのである。

女の子同士で集まると、机の上にお互いのお菓子を並べて、モグモグと食べながら談笑していることが多い。これは心理学的に言うと、仲良くなる上で非常に効果的なやり方であろうと思う。

もともと食べ物を一緒に食べるという行為自体が、人と人との絆《きずな》を強化する働きがあるのだが、甘いものであれば、なおさら効果的になる。

相手がダイエット中であるとか、肥満を気にするタイプなら断るかもしれないが、たいていの人は甘いものが好きだから、アイスクリームやパフェなど、糖分を含んだものを一緒に食べようと勧めるのはいいアイデアである。

ラポール形成のルール

甘いものは、相手と仲良くなれる道具として利用できる

お土産を渡すなら、「先に」渡そう

初対面の人に会うとき、お土産を持ってきてくれる人がいる。私は、そういう人が大好きだし、いっぺんに心を許してしまう。

きっと、読者のみなさんもそうではないかと思う。

人間には、俗っぽいところがあって、とにかく何かもらえれば、それだけでうれしくなるのである。

それがちょっとしたプレゼントやお土産であっても、何ももらえないよりは、何かもらえたほうがうれしいに決まっている。

さて、お土産を渡すタイミングについては、先のほうがいいのか、帰る直前のほうがいいのかという問題があるわけであるが、これについての正解ははっきりしている。あきらかに、先に渡したほうがいい。

先にお土産を渡せば、会っている間も、ずっと相手は幸福な気持ちでいられる。お土産を脇に隠しておいて後に渡したのでは、そういうわけにはいかない。自分がいなくなってから、相手の気持ちがよくなっても、自分ではその恩恵を受けられなくなってしまう。

お土産は、出会ってすぐに渡そう。

そうすれば、会っている間中ずっと、相手は気持ちよくみなさんに接してくれるようになるはずだ。

先ほど、「甘いものは一緒に食べたほうがいい」とアドバイスしたが、できれば一緒に分けて簡単に食べられるようなお土産を持っていくといい。

ナイフやフォークを用意したり、わざわざ包丁で切り分けなければならないものだと、なかなか一緒に食べるわけにはいかなくなるので、**手で簡単につまめるような甘いお菓子などがいい**のではないかと思う。

私たちは、現金なもので、何かをもらうとすべての判断がポジティブになる。

米国チュレーン大学のアーサー・ブリーフは、とある病院で働くスタッフ（平均37歳）を対象に、職務満足感を答えてもらうアンケート調査を実施してみた。

ただし、スタッフは全員を一斉に集めるのではなく、半数ずつ集めることにし、しかもその半数には、アンケートをする前にクッキーなどのお土産を配ってみたのだ。

するとどうだろう、同じ病院で働くスタッフだというのに、お土産をもらったグループだけは職務満足感が高まったのだ。

あきらかに、お土産をもらったせいで気分がよくなって、その気分がアンケート結果にも反映されたのだと解釈できる。

「お土産を持っていくのは、お金がかかるんじゃないでしょうか」と思われるかもしれないが、それくらいは自腹を切っても絶対にもとがとれる。

しかも、**高価なフルーツを用意しなさいと言っているわけではなく、手軽に食べられるものでかまわない**のである。

コンビニで１００円のアイスクリームを20個くらい買ってきて、それを持って訪問先の会社に出向き、「これ、みなさんでどうぞ！」と勧めれば、みなさんはいっぺんにその会社の人たちに顔を覚えてもらえるし、好感を持って迎えられるであろう。
たった2000円ほどの出費でものすごく株が上がるのだから、こんなに便利な方法はない。

ラポール形成のルール

お土産を渡すと、相手との距離が急速に縮まる

コラム

人に会っているときには、「時間の流れ」を意識しよう

俗に、「楽しい時間は、過ぎるのが早い」と言われている。大好きなゲームや趣味に没頭しているときには、あっという間に何時間も経ってしまうようなことは、読者のみなさんも経験したことがあるであろう。

人は、楽しいときには時間の流れを早く感じるのである。

これは、心理学的にもすでに確認されている。

インディアナ州立大学のルシアン・コンウェイは、4人から6人のグループを作らせ、片方のグループには楽しくおしゃべりしながら、ワードパズルを解いてもらった。別のグループでは、おしゃべりは厳禁とし、それぞれが黙々とワードパズルに取り組まなければならなかった。

さて、実験参加者は、あらかじめ腕時計を外してもらっておき、時間の経過についてはわからないようにさせられていたのだが、頃合いを見計らって、実験者が、

「今、実験が始まってから、どれくらい時間が経ったと思いますか？」

といきなり尋ねてみた。

すると、楽しくおしゃべりしているグループでは、平均して「33・1分」が経過したであろうと答えた。ところが、おしゃべりが禁止されたグループでは、「39・4分」だと答

えたのである。

楽しいことをしているときのほうが時間の流れは早く感じることが、この実験からもわかるであろう。

人に会っているときには、「時間の流れ」を早く感じるようにしたい。

「ああ、まだ15分しか経っていないのか……」と感じるときには、おそらく、みなさんは相手と一緒にいることがそんなに楽しくもないのである。

そして、みなさんが楽しくないということは、相手のほうも同じようにつまらないなと感じているはずである。

時間の流れが遅く感じるときには、お互いにその時間を苦痛に感じているというわけであるから、こんな場合にはさっさと辞去させてもらうのが正しい。相手が退屈していたり、不愉快になっているときの最善の方法は、さっさとその場から自分が消えてあげることである。適当なタイミングで辞去するのが、相手に対する思いやりだ。

逆に、「うわっ、もう1時間も経っちゃったのか」と感じるときには、みなさんも、そして相手のほうも、楽しい時間を過ごしたと感じているに違いない。十分にラポール形成もできたという証拠である。

「時間の流れ」の感じ方によって、相手がどれくらい楽しめているのか、それともつまらないと思っているのかを、ある程度までは推測することもできるのである。

第 6 章

敏感なあなたでも大丈夫！
苦手な人との感情感染を防ぐ
無敵の心理技法

できるだけ「明るい服」を着よう

「人は見た目が9割」だといわれている。どんなに美しい心を持っていても、他人にはなかなかそれはわからない。どんなに性格がよくとも、しばらく付き合ってみないことには、そのよさは伝わらない。

ところが、**見た目のほうは一瞬で相手にわかる。**

不潔な格好をしていたら、それだけで人に悪い印象を与える。髪はボサボサで、シャツの襟《えり》は薄汚れていて、肩にはフケが散らばっている……という人は、最初からソンをしているわけである。

いったん悪いイメージを持たれると、それを修正してもらうのはとても難しい。だから、だれとでもラポールを形成したいと思うのなら、できるだけ見た目と服装にはこだわりたい。

できるだけ人には華やかなイメージ、明るいイメージを与えたほうが、付き合いでトクをするものである。

たいていの人は「黒っぽい服装」を好んで着ている。スーツがもともと黒か紺に近い色なのでこれは仕方がない面もある。

しかし、テキサス大学のエルヘ・ペーニャによれば、「真っ白な服」に比べて、「黒っぽい服」は、相手をいらだたせることがあきらかにされているので、できるだけ黒は抑えておきたい。

ジャケットはベージュにするとか、スーツは黒でも仕方ないが、下に着るシャツは明るい青にするなどをして、全体として「明るい感じ」にするといいであろう。

私は、好んで青のストライプのシャツを着るようにしているが、青や白は嫌いな人がほとんどいない。黄色とか茶色になると、好きな人もいれば嫌いな人もいるが、青や白はたいていの人が好きである。

人が好む色の服を身に着けているのだから、私自身の印象も、悪くなりようがない。そういう意味では、嫌われるリスクが大幅に減らせるのである。明るい感じの服を着ればよいだけだから、これはだれでも簡単にできる。

黒はたしかに落ち着いた色ではあるが、没個性的に見えてしまうし、どうしても印象が暗い感じになる。ネガティブには見えなくとも、少なくとも、快活で元気いっぱいで明るい感じには見えない。相手にもなかなか心を開いてもらえない。

シャツやネクタイは、できるだけ若々しく、華やかな感じのものを選ぼう。自分でよくわからないのなら、お店の人に「10歳くらい若く見られたい」とこちらの要望を伝えれば、明るい感じのものを選んでくれる。

ラポール形成のルール

人が好む色の服を身に着けていると、嫌われるリスクが大幅に減らせる

相手に会う頻度を、とにかく増やそう

私たちが親しみを感じるのは、自分にとって「見慣れた顔」である。たとえどんなにブサイクな顔だちであっても、見慣れれば、そんなに気にならなくなるばかりか、むしろ好ましく思えるようになる。

人と仲良くなりたいのであれば、とにかく足しげく相手のもとに出向くことである。自分の顔を相手によく見せるようにしていれば、そのうち相手もみなさんの顔に親しみを感じてくれるようになるからだ。

女性は、自分の父親によく似た顔の男性を好きになる。

たとえ、その男性の顔だちがあまりよくなくとも、である。

なぜかというと、女性にとって、赤ちゃんの頃から一番見慣れているのが、ほかならぬ自分の父親の顔だからだ。

そのため、女性にとっては自分の父親の顔だちに似ている男性のほうが、一緒にいて落ち着くのである。

ともかく相手に会う頻度を増やすようにすると、それだけみなさんは好かれていく。人に会うことを面倒くさがってはならない。

うまく用事を見つけて、とにかくちょこちょこと相手に会いに行くような、腰の軽い人間を目指そう。

ミネソタ大学のエレン・バーシードは、5週間にわたるデート実験をしてみたことがある。

あるグループでは、毎週、違う人と出会うことになっていた。つまり、全部で5人とデートしたのである。

ところが、別のグループでは、ずっと同じ人と1週間に1回のデートをすることになっていた。こちらは同じ人と5回会う条件である。

それからバーシードは、自分がデートした人物についての魅力を尋ねてみたのだが、1回しか会わなかったグループでは、相手に対してあまり魅力を感じなかった。毎回、違う人と会ったのだが、だれに対してもそんなに魅力を感じられなかったのである。

ところが、同じ人と5回デートしたグループでは、相手の魅力を高く評価した。会う頻度が多くなれば、それだけ魅力は高まるのである。

この実験は、たった1回だけ会っただけでは、なかなか相手に魅力を伝えられないが、5回も会うと、相手がこちらに気を許して好きになってくれることを示している。

だれとでも仲良くなれる人は、実は、ものすごくマメな人である。

彼らは、自分から積極的に相手にコンタクトをとるし、自分から相手に会いに行く。フットワークがいいのだ。何度も自分の顔を相手に見せることによって、好意を得ているのである。

もともとの顔だちは、あまり関係がない。

どんな顔だちの人でさえ、会う頻度を増やすようにすれば、どんな人とでもうちとけた関係を築くことは可能だ。

「私は、顔だちがよくないから……」

とか、

「私はブサイクだから……」

などと自己卑下する必要はない。どんどん顔を見せに行くのが正解だ。

ラポール形成のルール

何度も顔を見せに行くと、その人と仲良くなれる

断定するのをやめてみると、好かれる人になれる

好かれる人は、物事を軽はずみに断定することをしない。

「これに間違いない」

「絶対、これでいいんだよ」

そんな感じで断定的に話す人は、たいてい嫌われてしまうものである。なぜなら、私たちは意見を押しつけられるのを嫌うからだ。相手に強く命じたり、高圧的な態度をとった

りするのはよくない。

本書は、他人に「流される」「振り回される」ことを積極的に勧めるものであるが、話法においてもそれは同様だ。

とにかく、**自分で勝手に結論を決めつけるのではなく、相手に結論を出させるように仕向けなければならない。**

相手の口を開かせ、ムリヤリ食べ物を押し込もうとしても相手は吐きだそうとするだけだ。

そういう強引なやり方では、人は従ってくれない。

人を動かそうとするときには、できるだけソフトな言い方を心がける必要がある。ソフトな言い方であれば、相手も強制されたとは感じないので、かえって説得効果は高くなるのである。

イリノイ大学のブライアン・クイックは、160名の大学生にコンドームの使用を訴えるという実験をしたことがある。

その際、

「絶対にコンドームを装着すべきだ」

「コンドーム以外に選択はない」

といった断言的なメッセージを伝えると、学生たちは、かえって不愉快になって説得されにくくなることがあきらかにされた。

断言的なモノ言いは、「怒り」と「不快感」を誘発してしまう。

人と話すときには、物事を断定していないか、たえず自分を戒める必要がある。「絶対に○○すべきなんだよ」といった言い方では、たとえ正当な理由があるときでさえ、相手は従いたくないという気持ちになるからである。

「なんとなく、こいつに腹が立つな」と感じさせてしまう人は、自分では気づかないかもしれないが、断定的な口調でしゃべっていることが原因だ。命令口調に聞こえてしまうので、聞く人を不快にさせてしまうのだ。

人に対する思いやりの気持ちがあって、相手の立場に共感できる人は、決してそういう言い方をしない。相手が年下だからとか地位が下だからといって、厳しい言い方をしない。だれに対しても、丁寧に話しかけるクセをつけなければダメである。

不思議なもので、**だれに対してもへりくだった話し方、丁寧な話し方をするようにすると、だれもがファンになってくれて、言うことも聞いてもらえるようになる。**強く相手を押そうとしないほうが、かえってよい結果になることが多いのである。

ラポール形成のルール

断定的に話すと、聞く人は不快になる

「疑問形」で質問すると、相手は不愉快な気分にならない

あきらかに間違えた意見を述べている人にも、「あなたの考えは間違っている」と言ってはいけない。たとえ相手が誤っていることが明白であっても、である。

こんなときに便利なのが、**「疑問形で質問する」というやり方**である。このテクニックは、相手に反対するときにも、自説を主張するときにも、どちらにも使える。物事を断定するのではなく、疑問形を使えばいいのだ。

「『礼賛』って、『れいさん』じゃなくて、『らいさん』って読むんだよ！」

こんな感じで指摘したら、相手のメンツは丸つぶれである。たしかに自分が正しくとも、

相手は不愉快な気分になる。こんな場合には、相手のメンツをつぶさないように疑問形を使って、

「『礼賛』って、『れいさん』じゃなくて、『らいさん』って読むんじゃなかった？」

と、自信がなさそうに相手に疑問をぶつけるほうがいい。

相手に反対するときにも、「あなたの言うことは正しいんだけど、○○なんじゃないかな？」というように疑問形で伝えるようにすると、相手にそれほどプレッシャーは与えない。

オハイオ州立大学のロバート・バーンクラントは、物事を断定するのではなく、疑問形で相手にぶつけるようにしたほうが、相手をたやすく説得できると述べている。

疑問形を使うと、「ひょっとしたら私は間違えているかもしれませんが……」という丁寧なイメージを与える。

少なくとも、相手に意見を押しつけているようには感じさせない。

それによって、相手も自分の誤りを直したり言うことを聞いてくれやすくなるのである。

「こっちのやり方のほうが、利益は出るはずだよ」と主張したいときにも、「こっちのやり方のほうが、利益は出るんじゃないでしょうか？」と疑問形にしたほうが、間違いなく相手も聞いてくれるだろう。

疑問形というのは、まことに便利なやり方であり、古代ギリシアの哲学者ソクラテスもよく使っていたという。弟子の誤りに気づいたときにも、ソクラテスは直接的にその誤りを指摘するようなことはしなかった。ただ疑問をぶつけるだけで、弟子が自分で誤っていることに気づくように仕向けるだけだったという。まことにうまいやり方だ。

ちなみに、ベンジャミン・フランクリンも、ソクラテスのやり方に感銘を受け、人に反対したくなったり、自説を主張したくなったりしたときには、必ず疑問形を使うようにしたそうである（『フランクリン自伝』岩波文庫）。

好かれる人は、たいていこのやり方を共通に使っている。それだけ有効なやり方だという証拠である。

ラポール形成のルール

物事は断定するのではなく、疑問形で相手にぶつけよう

だれについても悪口を言わないほうがいいのはなぜか

「壁に耳あり障子に目あり」という諺《ことわざ》があるが、どこで、だれが話を聞いているのか、わかったものではない。したがって、どんな場所であっても他人の話をするのはやめたほうがいい。

私たちは、他人についてのゴシップや噂話が大好きであるが、自分のいないところで話題にされるのは、本人が聞いたら気分がよかろうはずがない。だから、**他人の噂話や悪口は、どんなときでもしないのが無難**である。

他人の陰口を言うことには、さらなる不利益がある。

それは、**話をしているみなさん自身が嫌われてしまう、**ということである。

「Aさんってさ、他部署の課長と不倫しているみたいよ」
「Aさんってさ、学生時代に補導されたことがあるんだって」

という話をBさんがしているとしよう。

普通に考えれば、Aさんの評価が悪くなりそうなものである。なにしろ、Aさんについてのよからぬ話をしているわけであるから。

ところが、そのBさんの話を聞いていた人たちは、Bさんのことも嫌いになるのである。Bさんはただ話をしているだけであるが、私たちは話題に出てきた人だけでなく、その話し手まで、嫌いになってしまうのである。

オハイオ州立大学のジョン・スコウロンスキは、このような現象を**「自発的特性転移」**と呼んでいるのだが、私たちは、無意識のうちに、話し手と、話題になった人の特徴を「重ね合わせる」のである。

私が、「ほかの人の悪口はやめたほうがいい」というのは、他人の悪口を言っていると、みなさん自身が嫌われてしまうからである。

「人を呪わば穴ふたつ」とはよく言ったもので、他人の悪口を言っていると、自分にも災いが降りかかってくる。


他人の話をしたいのなら、いい話だけをしてあげよう。

「あの人は、こんなに親切なことをしてくれたんだよ」

とか、

「あの人は、とても動物が好きなんだよ」

といったポジティブな話であれば、話をしてもよい。

そういうポジティブな話をしていれば、みなさんも「自発的特性転移」によって、好かれるからである。

とはいえ、ポジティブな内容であっても、他人の話やゴシップはあまりしないほうがいい。自分ではホメているつもりでも、聞いた人がそれを歪《ゆが》めて受け取ることもあるし、人から人へと噂が伝わっていく最中に内容が捻《ね》じ曲《ま》げられるということはよくあるからである。


だれについても陰口や悪口を言わないようにするのは、自分の身を守るための処方箋で

あるといえるだろう。

ラポール形成のルール

どんな場所であっても、他人の話をしてはいけない

話題はできるだけポンポンと変えたほうがいい

現代人は、飽きっぽくなったとよくいわれる。ブームや流行はすぐに終わってしまうし、熱しやすく、冷めやすいという特徴を持っている。

会話もそうで、ひとつの話題をずっとつづけていると、どうしても退屈させてしまう。

そのため、**おしゃべりをするときには、なるべくポンポンと違う話題を切り出すようにしたほうがいい。**

そのほうが、聞き手も飽きがこないし、楽しい時間を過ごせる。

現代人は、どんどん飽きっぽくなっているため、テレビのCMもシーンの切り替えがどんどん増えている。

米国レンスラー・ポリテクニック研究所のジェームズ・マクラクランによると、1978年にはテレビCMは、平均して7・9秒ごとにシーンが切り替わっていたそうである。同じシーンをだいたい8秒くらい継続して流していたわけだ。

ところが、1991年のテレビCMを調べてみると、平均して約2秒ごとにシーンが切り替わっていたのである。

おそらく、現在のテレビCMは、もっと頻繁にシーンが切り替わって、視聴者を飽きさせないような作り方をしているのではないかと思う。

広告学には、スポティスウッド理論というのがあって、同じシーンが長く続くと視聴者は退屈してしまう、ということが知られている。

この理論は、会話にもある程度は当てはまるのであって、**同じ話題をずっと続けていたら、ものすごく退屈になってしまう**のだ。

自分の趣味の話であれば何時間でも楽しく話せそうな気もするが、それは相手も同じ趣味を持っている場合だけである。

同じ趣味を持っていない人からすれば、同じ話を延々と聞かされるのは、まさに拷問である。

若い人たちは、あまり年配の人とお酒を飲みたがらないが、その理由は、年配の人たちが同じ話題でずっと話をするからである。

いろいろな話題にポンポン飛んでくれるのなら、若い人だって退屈せずにお酒を付き合える。

ところが、得てして年配の人たちは、まったく同じ話を何度もくり返す傾向があるのだ。これに若い人は耐えられないのである。

同じ話ばかりすることを、「繰り言」という。「老いの繰り言」などという表現もある。同じ話題を「くり返す」から「繰り言」というのであるが、人は年を重ねるごとにどうも同じことをくり返す傾向があるらしい。聞かされるほうはたまったものではない。

話題はポンポンと切り替えよう。

ひとつの話題はせいぜい5分くらいで切り上げるのが、もっとも楽しいのではないかと思う。テレビのバラエティ番組やトーク番組では、ひとつの話題で盛り上がるのが、だいたいそれくらいの時間だ。

よほどお互いに盛り上がっているのであれば、話題を変更する必要はないかもしれないが、そうではないのなら、**適当なところで話題を切り上げ、「ところで別の話なんだけど」と話題を切り替えたほうがいい**であろう。

ラポール形成のルール

同じ話をくり返さず、適当なところで話題を変えよう

最高に盛り上がったところが「帰りどき」

ディズニーランドや、ユニバーサル・スタジオ・ジャパンなどのテーマパークでは、だいたいどのアトラクションもずいぶん待たされる。人気のアトラクションになれば、1、2時間は当たり前のように並ばせられる。

とはいえ、お客は大変に満足している。「二度と、あんなところに行くか！」ということにはならず、たいていのお客は熱心なリピーターになってしまう。

それはなぜかというと、最終的に面白くて興奮できれば人は満足だからである。これを心理学では**「ピーク・エンドの法則」**と呼ぶ。「終わりよければ、すべてよし」というところが人間にはあるのだ。何時間も行列に並ばされ、しかも店内のテーブルが少しくらい汚れていても、それでも最終的にとびきりおいしいラーメンを食べることができれば、お客は大満足なのである。あとで考えると、「あのお店はよかったな」ということになるのだ。

私たちは、前半部分よりも後半部分のほうをしっかりと記憶に留める。

前半と後半が同じ割合で感情に影響を与えるのではなく、後半のほうが圧倒的に強烈な影響力を持っている。これがピーク・エンドの法則である。

イタリアにあるサン・ラファエレ生命健康大学のマッテオ・モッテリーニは、最初の5分に雑音が入っていても、残りの15分がきちんと聴くことができるレコードは、まったく問題なく楽しめるのだが、最初の15分間は問題なく聴くことができるのに、最後の5分間に雑音が入るレコードは、気分を台無しにさせると述べている（『世界は感情で動く』紀伊国屋書店）。

このピーク・エンドの法則を知っておくと、人と会っているときに辞去するタイミングはとにかく盛り上がったところだ、ということがご理解いただけるであろう。盛り上がったところでお別れすれば、相手の脳裏には、みなさんと楽しく過ごせた、という記憶だけがしっかりと埋め込まれるからである。

最初はずいぶんと会話が盛り上がっていたのに、次第に下火になってきて、「そろそろ話すことも尽きましたし、帰りましょうか」と寂しい気分でお別れすると、相手には悪いイメージが残されてしまうことになる。

「もっと話したいな」と感じるくらいのところで、さっさと退散することが人とお別れする絶好のタイミングだということを覚えておこう。

また、人に会う前に話題を仕込むのであれば、とっておきの爆笑ネタのようなものは、最後の最後にとっておくとよい。それを披露してお互いに大笑いしたところで帰るようにすれば、相手の心にはみなさんの愉快なイメージだけが残るからである。

ラポール形成のルール

人と会うとき辞去するタイミングを知っておくと、よい印象が残せる

あとがき

人に流され、振り回されてばかりで、悔しい、悲しい、情けない、と感じている人がいる。

しかし、人に流され、振り回されることは、そんなに屈辱的なことなのだろうか。私は、そう思わない。むしろ、流され、振り回されるのは大変にすばらしいことだと思う。そんな問題意識から執筆してみたのが本書である。

考えてみると、私も人に流され、振り回されながら、ずっと今までやってきた。編集者の言うことに従って喜んで流され、振り回されていなければ、今の私はなかったと思う。

よく勘違いされるのだが、文才がいくらあっても人間関係を築くのがヘタな人は作家にはなれない。なぜかというと、編集者が仕事を依頼したくなるのは、文才のある人間ではなくて、「愛敬のある人」だからである。

「あいつはダメなヤツだけど、まあ、素直に何でも言うことを聞いてくれるから、何か仕事を頼んでみようか」という気持ちになってもらえないと、仕事の依頼は絶対にこない。よほど文才に恵まれていれば話は別なのかもしれないが、少なくとも私に関しては、愛想のよさだけで出版業界を生き抜いてきた、という感じが否めない。これは出版業に限らず、どの業界でもそうなのではないだろうか。

昔から、「男は度胸で、女は愛敬」と言われているが、とんでもない話で、男性だって愛敬がなければこの世の中を渡っていくことはできない。たとえムカッとすることがあっても、表面上はできるだけにこやかに、愛想よくふるまう。そうやって他人に流され、振り回されるからこそ、人生をうまくやっていけるのではないかと思うのだ。

ウソだと思うのであれば、ぜひ今日から、できるだけ社交的な人間の振りをしてもらいたい。演技でもいいので、人を喜ばせるようなことを何でもしてみてほしい。おそらく、大変な効果があることをご自身で実感していただくことができるであろう。

心理学では、人と円満な関係を築くことを「ラポール形成」と呼ぶのであるが、本書ではそのための具体的で、かつ実践的な知識をご紹介してきた。

本当に大切なエッセンスだけを選りすぐりながら抽出して話をしてきたので、くだらない話などはひとつもなかったはずだ。ぜひ、すべての知識を自分の血肉へと昇華していただければと思う。

さて、本書の執筆にあたっては廣済堂出版編集部の伊藤岳人さんにお世話になった。これまで何十冊の本を伊藤さんと手がけてきたか、もう数えられないほどのお付き合いになっている。本当にありがたいことである。この場を借りて心からの感謝を申し上げたい。

最後に読者のみなさまにも、お礼を申し上げたい。本書をきっかけにして、「今までは、他人に流され、振り回されると腹が立って仕方がなかったけど、見方を変えれば、いいことなんだな」ということにお気づきいただければ、著者として望外の幸せである。また、どこかでお会いできることを祈念しながら、筆をおきたい。

内藤誼人

virtual settings. Communication Research ,36, 838-856.
Przybylski, A. K., & Weinstein, N. 2012 Can you connect with me now? How the presence of mobile communication technology influences face-to-face conversation quality. Journal of Social and Personal Relationships ,30, 237-246.
Quick, B. L., & Stephenson, M. T. 2007 Further evidence that psychological reactance can be modeled as a combination of anger and negative cognitions. Communication Research ,34, 255-276.
Ramseyer, F., & Tschacher, W. 2011 Nonverbal synchrony in psychotherapy: Coordinated body movement effects relationship quality and outcome. Journal of Consulting and Clinical Psychology ,79, 284-295.
Schwarz, N., & Clore, G. L. 1983 Mood, misattribution, and judgments of well-being: Informative and directive functions of affective status. Journal of Personality and Social Psychology ,45, 513-523.
Seiter, J. S., & Weger, H. Jr. 2005 Audience perceptions of candidates' appropriateness as a function of nonverbal behaviors displayed during televised political debates. Journal of Social Psychology ,145, 225-235.
Seiter, J. S., & Weger, H. Jr. 2013 Does a customer by any other name tip the same? : The effect of forms of address and customers' age on gratuities given to food servers in the United States. Journal of Applied Social Psychology ,43, 1592-1598.
Skowronski, J. J., Carlston, D. E., Mae, L., & Crawford, M. T. 1998 Spontaneous trait transference: Communicators take on the qualities they describe in others'. Journal of Personality and Social Psychology ,74, 837-848.
Smith-Hanen, S. S. 1977 Effects of nonverbal behaviors on judged levels of counselor warmth and empathy. Journal of Counseling Psychology ,24, 87-91.
Stang, D. J. 1973 Effect of interaction rate on ratings of leadership and liking. Journal of Personality and Social Psychology ,27, 405-408.
Stel, M., Blascovich, J., Mccall, C., Mastop, J., van Baaren, R. B., & Vonk, R. 2010 Mimicking disliked others: Effect of a priori liking on the mimicry-liking link. European Journal of Social Psychology ,40, 867-880.
Swan, J. E., Bowers, M. R., & Richardson, L. D. 1999 Customer trust in the salesperson: An integrative review and meta-analysis of the empirical literature. Journal of Business Research ,44, 93-107.
Tickle-Degnen, L., & Rosenthal, R. 1990 The nature of rapport and its nonverbal correlates. Psychological Inquiry, 1, 285-293.
Vrugt, A. 2007 Effects of a smile reciprocation and compliance with a request. Psychological Reports ,101, 1196-1202.

Applied Social Psychology ,20, 1659-1680.
Higgins, C. A., Judge, T. A., & Ferris, G. R. 2003 Influence tactics and work outcomes: A meta-analysis. Journal of Organizational Behavior ,24, 89-106.
Insko, C. A., & Cialdini, R. B. 1969 A test of three interpretations of attitudinal verbal reinforcement. Journal of Personality and Social Psychology ,12, 333-341.
Ijzerman, H., Gallucci, M., Pouw, W. T., Weib-gerber, S. C., Van Doesum, N. J.& Williams, K. D. 2012 Cold-blooded loneliness: Social exclusion leads to lower skin temperatures. Acta Psychologica ,140, 283-288.
Kappas, A., Hess, U., Barr, C. L., & Kleck, R. E. 1994 Angle of regard: The effect of vertical viewing angle on the perception of facial expressions. Journal of Nonverbal Behavior ,18, 263-283.
Kelly, J. A., Kern, J. M., Kirkley, B. G., Patterson, J. N., & Keane, T. M. 1980 Reactions to assertive versus unassertive behavior: Differential effects for males and females and implications for assertiveness training. Behavior Therapy ,11, 670-682.
Knobloch-Westerwick, S. 2007 Gender differences in selective media use for mood management and mood adjustment. Journal of Broadcasting and Electronic Media ,51, 73-92.
LaCrosse, M. B. 1975 Nonverbal behavior and perceived counselor attractiveness and persuasiveness. Journal of Counseling Psychology ,22, 563-566.
MacLachlan, J., & Logan, M. 1993 Camera shot length in TV commercials and their memorability and persuasiveness. Journal of Advertising Research ,33, 57-61.
Maxwell, G. M., Cook, M. W., & Burr, R. 1985 The encoding and decoding of liking from behavioral cues in both auditory and visual channels. Journal of Nonverbal Behavior ,9, 239-263.
Mischel, H. N. & Mischel, W. 1983 The development of children's knowledge of self-control strategies. Child Development ,54, 603-619.
Myers, S. A., & Johnson, A. D. 2002 Scores on liking and solidarity in interpersonal relationships. Psychological Reports,91, 855-856.
Niven, K., Holman, D., & Totterdell, P. 2012 How to win friendship and trust by influencing people's feelings: An investigation of interpersonal affect regulation and the quality of friendships. Human Relations ,65, 777-805.
Olk, P. M., & Gibbons, D. E. 2010 Dynamics of friendship reciprocity among professional adults. Journal of Applied Social Psychology ,40, 1146-1171.
Pena, J., Hancock, J. T., & Merola, N. A. 2009 The priming effects of avators in

six counselor verbal response. Journal of Counseling Psychology ,26, 390-398.
Eisenkraft, N., Elfenbein, H. A., & Kopelman, S. 2017 We know who likes Us, but not who competes against Us: dyadic meta-accuracy among work colleagues. Psychological Science ,28, 233-241.
Eskine, K. J., Kacinik, N. A., & Prinz, J. J. 2011 A bad taste in the mouth: Gustatory disgust influences moral judgment. Psychological Science ,22, 295-299.
Fischer-Lokou, J., Martin, A., & Gueguen, N. 2011 Mimicry and propagation of prosocial behavior in a natural setting. Psychological Reports ,108, 599-605.
Fischer-Lokou, J., Lamy, L., Gueguen, N., & Dubarry, A. 2016 Effects of active listening, reformulation, and imitation on mediator success: Preliminary results. Psychological Reports, 118, 994-1010.
Fodor, E. M., & Farrow, D. L. 1979 The power motive as an influence on use of power. Journal of Personality and Social Psychology ,37, 2091-2097.
Franek, M. 2013 Environmental factors influencing pedestrian walking speed. Perceptual and Motor Skills , 116, 992-1019.
Gardner, B. T., & Wallach, L. 1965 Shapes of figures identified as a baby's head. Perceptual and Motor Skills ,20, 135-142.
Gordon, A. M., Impett, E. A., Kogan, A., Oveis, C., & Keltner, D. 2012 To have and to hold: Gratitude promotes relationship maintenance in intimate bonds. Journal of Personality and Social Psychology ,103, 257-274.
Grant, A. M., & Gino, F. 2010 A little thanks goes a long way: Explaining why gratitude expressions motivate prosocial behavior. Journal of Personality and Social Psychology ,98, 946-955.
Grant, A. M., & Mayer, D. M. 2009 Good soldiers and good actors: Prosocial and impression management motives as interactive predictors of affiliative citizenship behaviors. Journal of Applied Psychology ,94, 900-912.
Griffitt, W., & Veich, R. 1971 Hot and crowded: Influences of population density and temperature of interpersonal affective behavior. Journal of Personality and Social Psychology ,17, 92-98.
Gueguen, N., & Lamy, L. 2013 Weather and helping: Additional evidence of the effect of the Sunshine Samaritan. Journal of Social Psychology ,153, 123-126.
Halbesleben, J. R. B., & Wheeler, A. R. 2011 I owe you one: Coworker reciprocity as a moderator of the day-level exhaustion-performance relationship. Journal of Organizational Behavior ,32, 608-626.
Harrigan, J. A., Oxman, T. E., & Rosenthal, R. 1985 Rapport expressed through nonverbal behavior. Journal of Nonverbal Behavior ,9, 95-10.
Harris, M. B. 1991 Sex differences in stereotypes of spectacles. Journal of

[参考文献]

Ackerman, J. M., Nocera, C. C., & Bargh, J. A. 2010 Incidental haptic sensations influence social judgments and decisions. Science, 328 (5986), 1712-1715.

Barron, D. R., & Danek S. Kaus 2005 Power Persuasion: Using hypnotic influence in life, love and business. Robert D. Reed Publishers.

Berschied, E., Graziano, W., Monson, T., & Dermer, M. 1976 Outcome dependency: Attention, attribution, and attraction. Journal of Personality and Social Psychology ,34, 978-989.

Bernieri, F. J. 1988 Coordinated movement and rapport in teacher-student interactions. Journal of Nonverbal Behavior ,12, 120-138.

Brief, A. P., Butcher, A. H., & Roberson, L. 1995 Cookies, disposition, and job attitudes: The effects of positive mood inducing events and negative affectivity on job satisfaction in a field experiment. Organizational Behavior and Human Decision Processes ,62, 52-62.

Brouer, R. L., Harris, K. J., & Kacmar, K. M. 2011 The moderating effects of political skill on the perceived politics-outcome relationships. Journal of Organizational Behavior ,32, 869-885.

Burnkrant, R. E., & Howard, D. J. 1984 Effects of the use of introductory rhetorical questions versus statements on information processing. Journal of Personality and Social Psychology ,47, 1218-1230.

Chaplin, W. F., Phillips, J. B., Brown, J. D., Clanton, N. R., & Stein, J. L. 2000 Handshaking, gender, personality, and first impressions. Journal of Personality and Social Psychology ,79, 110-117.

Chartrand, T. L., & Bargh, J. A. 1999 The chameleon effect: The perception-behavior link and social interaction. Journal of Personality and Social Psychology ,76, 893-910.

Clore, G. L., & Baldridge, B. 1968 Interpersonal attraction: The role of agreement and topic interest. Journal of Personality and Social Psychology ,9, 340-346.

Conway, L. G. Ⅲ 2004 Social contagion of time perception. Journal of Experimental Social Psychology ,40, 113-120.

Cunningham, J. A., Strassberg, D. S., & Hoan, B. 1986 Effects of intimacy and sex-role congruency of self-disclosure. Journal of Social and Clinical Psychology , 4, 393-401.

Duffy, K. A., & Chartrand, T. L. 2015 The extravert advantage: How and when extraverts build rapport with other people. Psychological Science, 26, 1795-1802.

Ehlich, R. P., D'Agelli, A. R., & Danish, S. J. 1979 Comparative effectiveness of

本文DTP　株式会社三協美術
カバーイラスト　大西 洋
ブックデザイン　金澤浩二

「すぐ他人に流されてしまう自分」がラクになる本
繊細さがあなたの「強さ」になる

二〇一八年八月一〇日　第一版第一刷

著　者　内藤誼人
発行者　後藤高志
発行所　株式会社廣済堂出版
〒一〇一-〇〇五二
東京都千代田区神田小川町二-三-一三
M&Cビル七F
電話　〇三-六七〇三-〇九六四（編集）
〇三-六七〇三-〇九六二（販売）
Fax　〇三-六七〇三-〇九六三（販売）
振替〇〇一八〇-〇-一六四一三七
http://www.kosaido-pub.co.jp

印刷・製本　株式会社廣済堂

ISBN978-4-331-52173-1 C0095